MANIFEST YOUR DESTINY

全球暢銷經典

豐盛顯化法則

偉恩・戴爾的豐盛顯化九大心靈法則

金錢不虞匱乏・吸引靈魂伴侶・實現天賦成就

WAYNE W. DYER

U0069826

致師利古儒吉（Shri Guruji）
感謝您啟發我一窺顯化的堂奧。
我向您致敬！

你們的律法上豈不是寫著
「我曾說你們是神」嗎？

約翰福音第十章第三十四節*

到那日，你們就知道
我在父裡面，
你們在我裡面，
我也在你們裡面。

約翰福音第十四章第二十節

* 本書《聖經》經文使用和合本的中文翻譯。

目錄

作者序

你內在蘊含著一股吸引的力量，凡是你想要的，統統都可以吸引到你的身邊。這就是本書的主題，是我以前沒寫過的題材。我選擇這個主題是因為受到了吸引，並不是寫書二十年後的合理下一步。似乎有一股不容我無視的力量，在牽引我去關注這個主題。

起初，這個主題讓我覺得自己既渺小，又狂妄。這樣的心情挑起了幾個問題，比如：我何德何能，憑什麼寫顯化的能力？說到底，我真的懂顯化嗎？不是只有神聖的存有才可以涉足這個領域嗎？我哪來的資格，跟別人大談這種只屬於眾神的能力？這些問題在我腦海裡打轉；自我懷疑成了我想要一探究竟的主要動力，那力道大到我都不想承認。

展開撰寫這些靈性法則的任務時，我不曉得自己會寫什麼、要怎麼寫，也不清楚會有幾條靈性法則。然後，我用了我在前一本書《你神聖的自性》（暫譯，*Your Sacred Self*）鼓勵讀者採用的辦法。我驅散所有的疑慮，開始聆聽內在的聲音，那聲音一直說我會收到所需的指引，我不會獨自面對這項任務。也就是說，我臣服了，在冥想時深入內心，允許自己釋放全部的恐懼與懷疑，單純的信任。

一部分的我知道，讓無形的靈界在物質界顯化出來的能力，是人人都有可能掌握的。我相信事實如此，畢竟每一位偉大的靈性上師都告訴我們，要將自己視為無可限量的，要明白即使是我們之中最不起眼的人，在人生的每時每刻也都能夠取用神的神聖力量。然而真的要在書裡寫出這些內容，把掌握顯化能力所需學會並精通的靈性法則都交代清楚，似乎是一個令人望而生畏的任務。

儘管我不清楚具體有哪些法則、又應該以什麼順序呈現，我仍然思忖起撰稿的事，就在這個節骨眼上，一位名叫古儒吉的師父發了訊息給我，也就是本書題獻的對象。他在訊息裡吩咐我聆聽一捲顯化之力的錄音帶，要我在生活中修練我學到的東西，然後將顯化的技巧傳遞給世人。他說數千年來東方許多偉大智者與靈性大師都知曉並在實踐這種顯化能力，這是流傳許多世紀的祕法。

我興趣盎然的聆聽這捲錄音帶，開始在日常冥想中修練顯化的法則，也就是本書的內容。效果幾乎立竿見影，相當驚人。接著，我開始在講課時討論這些成果、傳授這些我在日常生活裡身體力行的靈性法則，但我沒有記錄這些法則，沒有以任何方式編排。

幾個月後，我製作了一捲錄音帶，取名為《顯化冥想》（暫譯，*Meditations for Manifesting*），數以千計的人開始應用這些法則、修練顯化的冥想技巧。成果相當震撼人心。運用這些技巧語音檔冥想的人紛紛寫信給我，回響來自世界各地。

本書介紹的顯化之音冥想，在許多人的生命裡創造了嘆為觀止的顯化。我聽說的顯化故事有從原先不可能得情況下如願升職、喜獲麟兒、託售好幾年都乏人問津的房產出現買主，以及各式各樣近乎奇蹟的豐盛與療癒的真人真事。

我知道這些法則確實可行。它們的神奇力量不是建立在信念的基礎上，而是一份了然於心的知曉（knowing）。我知道我們握有神性的力量，我們沒有取用這股力量的主要原因是制約。我知道如果你修練這九條法則，**你**可以開始為自己顯化事物，凡是你能在心裡構思出來的事物幾乎都可以。

我明白涉足顯化的領域就像走上一條不熟悉的路徑。決定進入未知的人，顯然不會確切知道前方有什麼。因此，我要請你避免以自己的成見，打亂你的顯化之路。好好的閱讀這些法則，應用在日常生活中，不要抓著你所接受的制約信念，從自己「畢竟是凡人」所以處處受限的角度評斷這些法則。先入為主的觀念只會扼殺你顯化內心願望的無限潛力。你的願望極為重要，只是你以前可能沒想過，你的欲望與較高層次的靈性意識是並行不悖的。

天底下不可能有無欲的世界。創造事物，就是渴求事物。即使你想要無欲，那也是一種欲望。創造任何事物的過程都始於一個欲念。你的欲望是靈性覺知之路上的潛力種子，當你允許這些欲望自由存在，與你的世界和睦共存，便能將種子一路栽養到開花結果。

准許自己探索這條路，便是允許自己自由運用你的心識，將物質世界打造得跟你的內在世界一致。你的內在世界是催化劑，決定了你在物質世界的境遇。撤銷你對人生境況無能為力的想法。脫離宣稱你沒有顯化能力的群體心態。群體思維抑制你天生自然的能力，阻礙你隨心所欲跟神共同創造你的人生。

檢視你採信的壓力與信念，這些東西反映出你直系親屬、旁系親屬、族群、宗教團體、種族團體、教育團體、企業團體或任何由一群人組成的特定單位等的思維。釐清你的哪些生活領域塞滿了這些心態的教導，以致你沒有把自己獨一無二的能量，用在灌溉你真心渴望或相信的事物，終至減緩了你個人的發展速度。

當你跟群體的意識保持連線，你實際上在說：「我選擇慢慢發展。」而且，群體意識的心態一向都縱容你的軟弱無力。你選擇跟著群體的步調前進，不肯在內在意識的指揮下自動自發的發展。

假如你真的了解顯化的能力，便會明白人生轉變的速度快慢，可以由你控制。修練神祕學的人顯化速度很快，因為他們連結的是在自己眼睛後面的那個世界，沒有透過群體及列祖列宗的眼睛看待世界。

當你脫離這些外在力量的迴路，便會看到你的進展速度大幅提升。如果你從眼睛後方的位置聽到一個聲音說「前進」，你再也不會待在原地等待，直到其他人都前進了，你才踏出第一步。你不再需要透過群體心智來處理你收到的建議，因為群體心智的作用是維護你的安全、壓制你的個體性。

我是在澈底看懂了我們的群體共識就是維護個人安全、以**不妥當的方式**愛人，才得以展開啟蒙之旅，去尋求更開闊的格局。如果你要等待自己以外的人都顯化出他們內心的欲望，你這一生便不會有足夠的時間踏上自己的旅程，連邁出第一步都成問題。你得脫離制約，明白你可以在雙眼後方的那個私密空間接受挑戰，顯化你的命運，這就是你未來的路。

等你在心裡培養出堅定的信念，相信你能夠將無形的世界顯化到這個物質世界，這時的你就會明白，天地間有一種存在於宇宙萬物之內的神性勢能。倒不是每一個人、每一株植物、每一隻動物、每一種礦物之內各有一個獨立的神。全是同一個。所以說，存在於你的內在、帶動你思考與呼吸的那一股神性勢能，同時也存在於每個人及萬事萬物中。遍布天下。因此，無處不在。也因此，你以為自己人生裡欠缺的那些事物之內，也含有你內在的那一個神性勢能，或者說宇宙智性。

所以說，顯化這檔事不過是讓你本人的一個新面向有了形體。你不是無中生有。你是在學習連結自己的本質，啟動你在理智上原本不曉得可以啟動的某個面向。這對理解顯化是非常重要的一環。你跟你要在人生中顯化的事物是一體的！

寫這本書是我最平靜的一次寫作體驗。你現在捧在手上的這本書，是這九條法則帶來的結果。每一天我都遵循這九條法則，確實執行我撰寫的內容。

我修練這九條法則的時候，察覺自己在顯化一本靈性顯化的手冊，每個人拿到這本手冊，都可以在閱讀裡面的文字時開始應用。我知道不必在書裡塞滿幾百則應用實例，交代這些法則如何造福了我、我的許多學生及世界各地的讀者。我知道沒必要像我之前的許多著作一樣，列出大量的語錄與肯定句。這一點很不一樣。

在我撰稿時、在我允許這些法則經由我顯化時，我謹記在心的關鍵詞是「扼要」。這個詞在我而言，就是沒有贅言，沒有個案研究，最低限度的語錄引用。我致力營造的文字風格是「有話直說。說得簡單。說得直接。說得發自肺腑，抗拒一切過度書寫的誘惑」。這便是本書的書寫原則。

本書沒有分章，只有九條法則。我以自己認知中的直截了當風格，解釋每一條法則。每一條法則都是直接從我的內心湧現，而非頭腦。我傾聽內在指引，然後下筆。當我覺得該說的都說了，當我交代了實踐這些原則的具體建議，我便停筆。我盡一己所知「最扼要」的方式傳授靈性顯化的基本原則，呈現出你捧在手上的這本手冊。

我心深處知曉當你修練這九條法則，你會得到指引。你在這趟旅程上不會孤單前行，你會看到自己的欲望在日常生活裡顯化為你的命運。

最後，你會明白自己的責任是說「好！」，而不是「怎麼可能？」我已為你做好準備，讓你這一路上暢行無阻。

偉恩・戴爾

法則一

覺察到你的最高自性

你內在蘊含著神聖的能力，
可以顯化並吸引
你需要或想要的一切。

你內在蘊含著神聖的能力，可以顯化並吸引你需要或想要的一切。這句話的力量極其強大，我建議你重新看一遍，細細品味，然後才展開這趟旅程。

在我們接受的灌輸中，我們對現實的認知幾乎統統牴觸了這句話。但我清楚這條法則非常真實且可貴，我鼓勵你放下一切的遲疑，讓這樣的思維進入你的意識：**我擁有神聖的力量，可以顯化並吸引我需要或想要的事物**。

要覺察到你的最高自性（highest self），不是埋頭努力就行了，也不能仰賴超自然的手段，比如召喚天使為你完成這項神聖的任務。根本之道是你要明白自己既是物質世界的一具肉體，同時也是可以接觸較高層次的非物質存有。那個較高層次就在你的內在，在成年的各個發展階段都能觸及。

許多作者探討過從嬰兒到青春期的發展階段，但成人階段的發展論述卻很少。我們每個人成年以後，似乎便會在四個階段來回穿梭。

人生的這些階段代表一種思路，但不見得伴隨年齡或歷練而來。有的人會迅速走完那些階段，在小小年紀便學會了我們有一個肉體自我，還有一個層次較高的自性。其他人終其一生都停留在比較初期的階段。

榮格（Carl Jung）在《尋求靈魂的現代人》（*Modern Man in Search of a Soul*）寫了一些關鍵的見解，談到成年時期的發展任務。他相信覺知到較高自性的存在，是成年時期的一項發展任務。下一節，我會提出我如何解讀榮格博士提出的成年發展階段。

我在每個階段都消磨了許多年的光陰，因此書寫時是略知一二的。這些階段是我的墊腳石，讓我一步步覺知到我的較高自性。我在每個階段的歷練，都讓我的思維與覺知更上層樓。最後，便抵達了可以利用這九條法則參與共創人生的境界，也就是顯化我的命運。

閱讀這些內容時，請你從榮格博士提出的原型裡，找出與你獨一無二的個人成年發展經驗一致的部分進行檢視。目標是覺知到你的最高自性是你本質的一個面向，超越了物質世界的限制。

成年發展的四個階段

運動員

這裡說的「運動員」沒有貶低運動員或運動行為的意思，而是用來描述我們在成年生涯中的**原始認同**（primary identification）時期，也就是認同我們的肉體及肉體在日常世界裡的運作。在這個時期，我們以自己的外貌及能力來評價自己的價值與幸福。

這些能力種類繁多，極為個人，可以包括我們跑得多快、球丟得多遠、跳得多高、肌肉的大小等等。我們按照身體部位的形狀、尺寸、色澤、質地建立一套評鑑個人魅力的標準，拿這套標準評估自己外表的價值。在我們這樣的消費文化中，評鑑的範疇甚至會延伸到我們的汽車、住宅、服飾的外觀。

這些是一個人在最早期的成年發展階段中關切的事物。在這個時期，沒有鏡子似乎就活不下去了，還需要時常得到別人的認同，心裡才有安全感。在運動員階段的時期，我們幾乎只在乎自己的表現、魅力、成就。

許多人會成熟脫離運動員的階段，重視起其他事項。視個人情況而定，有的人會在這個階段進進出出。有的人一輩子都停留在運動員階段。

你是否超脫了運動員階段，取決於你賴以建立個人認知的原始認同，有多固著在身體上。顯然，好好照顧身體是好事，你要善待身體，給身體你能力所及的最佳滋養。以自己的外表為榮、享受別人對你外貌的讚美，不代表你只在乎肉體。但如果你日常活動的範疇，都是繞著個人表現、外貌的預設標準打轉，你就是在我所說的「運動員」階段。

這個階段的人無法修練顯化之道。想要明白並運用神聖的內在能量，就得超越這個階段，不再認為自己的身分只是一具肉身。

戰士

脫離運動員階段後，一般便會進入戰士階段。這時自尊（ego）主宰我們的生活，我們恨不得征服世界，以示我們的優越。我對自尊的定義，是我們認為自己舉足輕重、獨立於世人之外的想法。這也可以是「只以俗世為準」（Earth Guide Only）的首字字母縮寫，因為自尊是我們在物質世界中對肉體自我的獨家認同。

戰士在自尊的驅使下參與第一名的爭奪戰，目標是壓制並擊敗別人。我們在這個階段忙著追求目標與成就，跟人一較長短。這個被自尊支配的時期充滿了焦慮，沒完沒了的比較彼此的成就。獎盃、獎項、頭銜、累積的戰利品，都是在記錄我們的成就。戰士極度關心未來，關注可能會破壞自己身分地位的人。口號可以鞭策他們採取行動，諸如：「你若不知自己的目的地，如何確認自己已經抵達？」「時間即金錢，金錢即一切。」「贏不是一切，而是唯一。」「人生是一場戰鬥。」「我若沒取得，就會被別人拿走。」

戰士階段的人痴迷於自己在人生中的身分與地位。在這個繞著別人打轉的人生時期中，主題是說服別人相信我們的優越，導演則是自尊。在這段時期，我們努力成為戰士：征戰並且掠奪戰果，收歸己有。

你是否已經脫離這個階段，檢驗標準是檢視自己做人做事的驅動力。如果答案是征服、擊敗、取得、較量、不計一切代價的求勝，顯然你仍然在戰士階段。你大概會頻繁進出戰士階段，這是叱吒職場的手段。戰士的心態對你這個人有多少的支配權、對你做人做事的動機又有多少影響，只有你能判斷。如果你的生活的確是以這個層次為主，你無法成為我所描述的顯化高手。

政治家

人生的政治家階段，是指我們馴服了自尊、意識層次有所提升的時期。在這個階段，我們想了解別人重視些什麼。我們不再執著於各種目標，我們可以詢問**對方**目標是什麼，真心想要知道答案。我們開始明白人生的主要目的是付出而非獲取。政治家依然可以功成名就，往往是很活躍的人。但他們的內在動力是服務別人。

只有學會馴服自尊，脫離自我耽溺，才能夠體驗到真正的自由。當你感到沮喪、焦慮、人生失去目標，問問自己你有多少的情緒狀態，來自你評斷了別人給你的待遇與自己給別人的觀感。當你可以放下對自己的想法，可以長久不去想著自己，你便自由了。

對我來說，脫離戰士階段，進入政治家的人生階段，是極度解放的體驗。在我轉換階段之前，我在公開講課時必須考慮到自己對維持自尊的所有需求，也就是擔心別人會怎麼對待我、看待我，別人肯不肯購買我的著作和錄音帶，害怕失去地位，丟人現眼。

然後，沒有借助外力，我開始在講課之前冥想。冥想時，我會無聲誦念一句真言，詢問我要如何事奉。當我不再聚焦在自尊，進入政治家階段，我的講課品質便有了顯著的提升。

成年時期的政治家階段關乎服務，感恩出現在你生命中的一切。在這個層次，你很接近自己的最高自性。此時你人生在世的主要動力，不再是渴望最大的權勢、風采迷人，也不是主宰與征服。你已經進入了內在和平的境界。不論你做什麼事、有什麼興趣，你總是在服務他人的時候，找到自己追求的極樂。

我聽說過最動人的故事之一是德蕾莎修女，她即使到了八十幾歲，仍然在加爾各答街頭照顧受到壓迫的人。我有一位在鳳凰城的朋友派特，敲定了在廣播節目中採訪她。他在採訪前交流意見時對她說：「德蕾莎修女，我能為您追求的理念做一點什麼嗎？我可以幫您募款或宣傳嗎？」

德蕾莎修女說：「不了，派特，你不需要做什麼。我的理念不涉及宣傳，也跟金錢無關。而是比那些還要崇高很多的東西。」

派特沒有放棄，說道：「那我能為您做什麼？我真的不曉得該怎麼幫忙。」

德蕾莎的回覆是：「派特，如果你真的想做一點什麼，明天早上四點起床，然後到鳳凰城的街頭走一走。找一個感到孤苦無依的街友，讓他相信自己不孤單。這就是你能做的事。」她是真正的政治家，每一天都奉獻自己。

當我們協助別人明白自己不孤單，讓他們知道不論生活境況如何，神聖的靈都在他們之內，我們自性的層次便提升了，得到我們在運動員及戰士階段體驗不到的平靜感，覺得人生有意義。在這個階段，我們可能會想到德蕾莎修女的話：「我每天都看見耶穌假扮的受苦的人。」

還有比政治家更崇高的階段。我一直小心翼翼引導你展開的覺知開發之旅，就屬於第四階段。

靈

進入這個人生階段以後，無論你的年齡或地位為何，你都體認到自己最真實的本質，也就是你的最高自性。當你認識自己的最高自性，你便踏上共同開創整個世界的路途，學習處理人生的境況，安然自在的參與創造的行動。你真的變成顯化高手。

在靈的階段，特徵就是覺知到這個稱作地球的地方不是你的家園。你知道自己不是運動員、戰士，甚至不是政治家，而是一股暫時棲息在肉身的能量，沒有窮盡，不受限制，不死不滅，萬能且永存。你知道天地萬物不會死亡，一切都是不斷變動的能量。

身為擁有肉身的靈魂，你受到內在世界的強烈吸引。你拋下恐懼，開始體會到超脫於物外的滋味。你觀察起自身的世界，進入意識的其他維度。這種內在的無窮能量不僅存在於你內在，也在萬事萬物中，在所有活著與活過的人身上。這是你開始了然於心的事。

要進化到能夠超脫世俗的層次，學會隨心所欲的脫離世俗，就得找到這股無窮能量的源頭，是它讓空氣充填你的肺葉，讓你的心臟跳動，讓你長出毛髮，讓你可以閱讀這一頁的文字。身為具備肉身的生命體，你的毛髮不是肉身自己長出來的，而是你的本質令你長出毛髮。構成你這個人的那股能量處理了一切細節。構成你這個人的靈，根本不受制於物質層面。靈沒有界線，沒有形體，沒有外在的邊界線制。你覺知到自己真正的生命源頭，儘管你接受的制約讓你以為那不是真的。

當你抵達這個層次，我認為你便進入了**在這個世界上卻不局限在這個世界**的境界。

構成你這個人的那股能量，你想稱呼它為靈或靈魂都可以，總之它絕不會死，以前也不曾亡故。多數人想像中的靈界，是一個要等到他們一命嗚呼以後才會曉得的未來處境。我們大部分人被灌輸的概念是，只要你仍然受制於這個世界上的肉身內，便不可能認識自己的最高自性。但靈即是當下。此刻靈就在你之內，這股能量不是你最後才能認識的東西，而是你在此時此刻的本質。

這股看不見的能量曾經存在於莎士比亞、畢卡索、伽利略、任何人的肉身內，也是我們所有人可以取用的能量。這是因為靈的能量不會消亡，只會改變形態。

儘管我們理性的左腦心智被調教成相信人死了靈便會消逝，但真相是能量無法毀滅。你的最高自性就是當下在你內在的靈。構成畢卡索這個人的能量不是他的肉身，構成莎士比亞這個人的能量也不是他的肉身。那股能量是藉由肉身的形式，在畫布或紙頁上進行創造的內在情感與創造才華。它永遠不死。它死不了，因為它無邊無際，無始無終，不具備我們稱之為形體的物理特性。

這能量在你的內在。想認識它，就去感應它，感應到了以後，你就脫離了這個世俗層面的局限，進入無拘無束的維度，可以創造並吸引你在人生旅程中想要或需要的一切。

在這個層次，你對自己認知中的現實就不會那麼依戀。隨著這樣的超脫而來的便是一種知曉，你會明白你內在的那個觀察者除了隨時觀照周遭的情況及你的心念，實際上你所處的物質世界也源自於它。意識到這一點以後，再加上你對踏入這個領域的意願，棲息在肉身中的你便可以開始學習，將你想要及需要的事物吸引到自己手中。

目前為止，你大概都沒能鬆動自己對這個物質世界的依戀。你可能相信沒有其他世界存在。假如是這樣的話，你可就捨棄了自己天賜的能力，然而正是這天賜的能力，讓你熱情擁抱的感官世界得以出現。當你覺知到自己具備萬有永恆的較高自性，憑著這一份覺知，你可以進入更自由的世界，參與實現內心欲望的顯化行動。

可見的與看不見的

花一點時間想一想你看見的有形世界，包括你的身體。你目睹的所有事物是怎麼來的？想想是誰在觀察並注意這一切「東西」。在構成你肉體架構的這堆管道、骨骼、動脈、皮膚裡那個看不見的「我」是誰？要真切的認識自己，就得了解你注意到的周遭事物之所以出現，都是因為看不見的世界裡的某物。這個某物就是靈界。

看著一棵高大的橡樹，問問自己是什麼讓那棵樹變成它現在的樣子。它從一顆小小的橡實開始成長，變成樹苗，長成參天巨木。你講究邏輯與理性的心智會說，橡實裡面必然蘊含著某種形似「樹木」的物事。但是剖開橡實的話，你不會找到任何形似樹木的東西，只有一堆褐色東西跟靜定的碎屑。如果你進一步檢視構成橡實的褐色物質，便會看到更細小的褐色物質，一路檢視下去，最後你會清清楚楚的看見「橡樹」分子。然後是原子，然後是電子，然後是次原子粒子，直到你窮盡了顯微鏡的放大倍數，都找不到更細微的事物。這時你不會找到任何粒子，只有一波又一波神出鬼沒的能量。

你將會歸納出橡實與橡樹本身，有一個既看不到也無法度量的創造者，而需要給這種事物一個類別的人則將之稱為靈或靈魂。所以萬物的源頭是無物，畢竟它不在可以度量的維度裡。

看不見的世界是看得見的世界的源頭，也是你得以現世的起因。用科學方法觀察自己，便會發現你不是自己的造物。既然你這個人不是你創造的，又是什麼創造了你？

我們可以回溯到受孕，說你的受造過程是一滴人類的原生質與另一滴碰撞，於是你出現了，從一個小不點的形式逐漸長成你如今的肉身。但如果你進一步探究人類的原生質，提高顯微鏡的倍率，按照前述調查橡實的方式去觀察當初構成你形體的那個小不點，你從中發現的事實會跟那顆橡實一樣。我們起初是能量，這能量沒有維度，不在看得見的世界。這是我們原本的自性。它是一種潛能，不是一個物體。或可說那是一種「未來的拉力」（future pull），是一種成就某些事物的潛力，別無其他。

在一般概念中，靈魂或靈每個人都具有，只是在日常生活中不太重要；不過等肉身死亡以後，它可能舉足輕重。在此我要採取不同的立場，而這也是第一條顯化法則的要義。這能帶領你抵達你的最高自性，繼而獲得與神共同創造的能力，開創你理想中的生活狀態，活出不可思議的人生。不僅如此，靈是永久存在的，不會遺失也無法移除。

你的天命是與神聯手創造，鄭重看待來到這個有形世界的萬物，珍惜其神性，儘管我們將這個有形的世界稱為家園，這裡卻只是我們暫時落腳的處所。

你的創造能力來自不可見的心識。一開始，這種能力是看不見的世界裡的波與能量。而星球、星辰、花卉、動物、岩石、你、你的財物、你的創造物也是如此——所有的一切，無一例外。檢視萬物，你會發現萬物的核心無形無體，只有一種不可見的特質，將它從看不見的世界帶進這個觀察得到的世界。

希望你在閱讀這些文字時，細細思索這個看不見的世界。想像你時時刻刻都同時存在於兩個世界。現在看看你周遭的有形世界。然後向內看，去體會這個有形世界始於看不見的維度，而我們對那個維度的理解根本連邊都還沒沾上。

然後讓意識飛躍，體認到你同時屬於這兩個世界。你與看不見的世界並沒有分離，就像你與可見的世界沒有分離。你在人生的每分每秒都是兩者兼具，即使你認定自己只棲身在可見的世界，不涉及看不見的一切。但那就是你，全都是你。就在此時此刻！

當我們想要掌握顯化之力，學會管理我們的人生際遇，多數人都會面臨一個問題，也就是我們已經放棄了在有形的世界與看不見的世界之間掀起波動的能力。想像你現在置身的這個房間中央有一條線。假裝這條線右側的一切都代表可見的世界。這條線左側的一切則是右側所有東西得以存在的起因。看不見的世界在左，可見的世界在右。

現在，質疑你（整個你）不能跨越那條假想的線、進入左側世界的信念。假如你不時跨越那條線，你便進入了造物主的世界。是不是有人教導過你，造物主是在你之外的存在？（這個概念在法則二會有更完善的解釋。）如果是的話，你的內在世界（看不見的世界）便塞滿了阻礙你投入創造行動的各種觀念。

有的教條則將參與創造的過程視為瀆神、愚昧、自視過高。但回到法則一的第一句話吧，反覆誦讀到你的內在出現共鳴：**你內在蘊含著神聖的能力，可以顯化並吸引你需要或想要的一切**。

那種神聖的能力不只存在於你的內在。它就是你，你得克服制約，准許自己進入那個看不見的世界。跨越那條界線，讓肉身的你與那個同樣真實卻看不見的你之間不再有分隔。當你克服了心智的阻礙，穿越界線，你看不見的部分便是讓你開創人生的入場券。

超越你的制約

不管喜不喜歡，我們的思想與行為都被調教得很機械化。如果想要觸及我們的最高自性，就得設法消弭這種制約。而小我絕對不會甘心接受我們消弭制約的行動。

拜託小我助你一臂之力，削弱它自己的重要性，好讓你親炙你的較高自性，無異於你試圖站立在自己的肩膀上。小我無法退讓，臣服於靈，正如同你的眼睛看不見它自己，你的舌尖也無法碰觸它自己！

如此一來，你要做的事便陷入了矛盾的困境。如果你想仰賴小我去破除它對你的影響，它只會強化對你的控制。務必設法讓意識擺脫身心的限制。

在小我狀態下，你體驗到的自己一般會是一個獨立的個體。想要掙脫這樣的制約，你得開始將自己視為全人類，而非存在於肉身之中的獨立形體。簡單說，如果你覺得自己與其餘的人類是分離的，是實實在在的獨立個體，必須向別人證明自己，與人一爭長短，你便無法顯化內心的欲望。

顯化不是取得此時此地沒有的事物，而是吸引在靈性層次上已經在這裡的東西，而這東西是你的一部分。如果你保持隔絕，就永遠得不到你想要顯化的事物。如果你提升覺知，看出你本人也是自己嚮往的事物的一部分，便可以超越小我的制約，超越當初將你的生命送上制約之路的其他人的小我。

認出自己內在的神以後，你便消融了小我認為自己與神分離的立場，更不會再用從前的眼光看待自己。當你覺悟到自己的最高自性，便可以練習克服你認為自己是獨立個體的制約。

下列的制約觀點會讓你的小我主宰你的人生，讓你渴望的事物與那些想要來到你身邊的事物都無法成真。

一、我的人生由不得我作主，主宰人生的力量不在我身上

以這一類的制約反應看待你的人生境況是在推卸責任，當作你人生不如意的現成藉口。

你可以在任何時刻改變這樣的觀點，開始信任宇宙的生命勢能正是你的本質。每天玩味這個概念，留意流經你的這股生命勢能。別再關注聚焦在人生境況的小我思維，把注意力拉到當下，帶著覺知去觀照生命勢能透過你這個人所體驗到的呼吸、聲音、紋理質地、氣味、場景。隨時隨地練習放下你對生活的念頭，去**體驗**流經你感官的生命能量。

二、人沒有顯化的能力，顯化只是上天擲骰子的結果

這是許多人的觀點，特別是命途坎坷的人。怨嘆自己時運不濟，或是憎恨某種主宰天下的無形外力在害你，其實都是出於制約的習慣，會讓你覺得自己無能為力，終至一敗塗地。覺得你無法吸引到自

己渴望的事物，是你務必要破除的錯覺。記住，學習顯化之道不是在施展魔法，只是將你一直隱而未現的新面向變成現實罷了。

你就是宇宙。宇宙不在外界。你就是宇宙勢能，宇宙勢能存在於萬物之中，連以前沒出現在你生命裡的那些事物之中也有宇宙勢能。記住，你的想法會成為現實。如果抱持自己不行的想法，你的想法倒是很正確，因為你會在現實中看見自己真的不行。「我不行」的後果便是出現下一個制約反應。

三、我不是沒努力過，就是沒成功

此處的制約反應是相信一旦努力的結果不如人意，下回也會失敗。這種想法的關鍵詞是「努力」。努力便表示苦撐硬撐、盡心盡力、拚死拚活、訂立目標等等。

暫且停一下，請你努力的從桌上拿起一枝筆。只管努力的拿起來吧。你會發現根本沒有努力這回事。要麼你拿了，要麼你沒拿。沒有

第三條路。你說的努力拿筆，不過是沒有拿筆。

放下你對往事及努力的執著，保持輕鬆自在，活在當下，留意你的生命勢能，不予評斷，也不予解釋。你不是沒有讓好事降臨的力量，明白這一點以後，好事便會隨著你的需求倍增。宇宙有滿滿的豐盛，等你放下舊事必然會在當下重演的理性推論，那些豐盛便會供應給你。

你一直顯化不出想要的事物是因為你抱持錯誤的觀念。你的前塵往事是幻象，是你留在背後的足跡，無論你選擇採納什麼信念，留在你背後的足跡都不能主導你的今日。你只擁有當下，而你從來沒有努力過。你只是還沒去做罷了。現在，就從你的內在世界移除這一條理性的推論。

四、只有高度進化的存有具備顯化的能力

這是小我在向你宣說，你與靈性上師及其他在最高層次生活的人

是分離的、不同的。儘管所有的靈性修習都鼓勵你看見自己內在的神性，要你明白自己具備跟上師一樣的心識，還要你發掘內心的天堂樂土，小我卻無法置信。小我相信的是分離，讓你以為自己比不上你聽說過的高度進化存有。

放下這些想法，看見自己與所有人透過不可見的生命勢能相連，而那股生命勢能便是你的神聖本質。不把別人看得比自己重要，也不把別人看得比自己低下，視人如己。你得確實掌握這個概念，才可以體驗到真正的顯化。

這些都是當你思索起自己所想要、需要的事物也想要你、需要你時，便會在腦海裡打轉的念頭。這一類的念頭不勝枚舉，以上只是其中幾個。

這第一條靈性法則要你克服自身的制約。更新你對自己的態度，以這個新態度進行日常的修習。我鼓勵你去認識自己的最高自性，而非透過閱讀。對最高自性要有發自你整個存在最深處的認識，從此不再懷疑。

如果你採用的處世之道，純粹是一套你曉得的例行公事與專家的教誨，你不會從中受益。要讓處世之道發揮作用，就得讓它成為你用在日常生活中的能量模式。它本身必須蘊含永恆的真理，也具備實用的特質，能讓你覺得：對，我知道這是真的，因為我實際應用的效果很好。

你確實具備最高自性。你可以從生命的可見層次及看不見的層次，去認識你的最高自性。一旦你對最高自性心悅誠服，認為人生是由小我一手主導的信念便會喪失力量。

我鼓勵你按照以下的建議實踐這第一條法則，讓它永久進駐你全部的覺知中。這一套行動計畫在我身上成功了。如果我起了疑慮，便回歸這份計畫中的四個要點。我總是因此重新認識最高自性。

如何認識你的最高自性而不存疑

一、開悟的最佳定義：整個人沉浸在安然自在中

你的最高自性只希望你安然自在。它不論斷，不比較，沒要你擊敗誰，也沒要你比誰優秀。它只要你安然自在。每一回你即將行動的時候，問自己一個問題：「我要說的話或做的事，能讓我的心安然自在嗎？」如果答案是可以，你就去說或去做，如此便是允許自己接收最高自性的智慧。如果答案是不行，便提醒自己那是小我在作怪。

小我會挑動事端，存心要你跟所有人劃清界線，包括神。它會慫恿你去論斷、去比較，以致你堅持自己最正確、最優秀。聆聽那個只希望你能安然自在的聲音，以此認識你的最高自性。

二、超越物質層面的局限

最高自性的使命便是輔佐你做這件事。作法是建立你私人專屬的內在聖殿。多多造訪這個清靜的內在僻靜處，放下小我對外界的所有執著。

待在這個僻靜處的時候，你的內在會孕育出一種光，漸漸的你會認識這種光，生出崇敬之心。這種光讓你接通顯化所需的能量。那場景就像沐浴在純粹的光中；當你靜靜的進入內在，便會感受到那股能量。這種光不屬於人世層面。它會協助你超越物質世界。記住，還在人世層面的人無法超越人世層面。真正的你、那個不可見的你能夠接引能量，汲取太陽、風與天上的所有能量。

三、不向世俗的任何人事物為自己辯白

你得學會守住較高的能量模式，無論你面前的物質世界出現什麼狀況。這表示你會宛如無名的智者，不跟俗世的事物起衝突。

這是最高自性的挑戰。它凌駕你認知中的現實系統，沒有實體也沒有形象。用你內在的光連結最高自性，面對那些不同意這個觀點的人，允許他們擁有自己的看法。你的內心安然自在。你不為自己解釋，不炫耀自身的能量。你清楚自己的能量，這對你來說就夠了。

四、臣服並信任那個創造了你這個人的智慧

你正在建立對自己的信心，超越別人灌輸給你的信念與教導。這種信任帶給你一方自由的小天地，永遠屬於你。事實上，這一點極其重要，是第二條靈性顯化法則的主題，翻到下一節便可以看到相關的內容。

＊

你的最高自性不僅僅是一個聽起來崇高的靈性概念，還是一種安

身立命之道。這是你要理解並擁抱的第一條法則，才能一步步將你想要及需要的事物吸引過來，供你在永恆生命裡的這個片段使用，也就是你所知的今生。

法則二

信任自己就等於信任那個創造你的智慧

當你可以信任，
便會知道神跟你是一體的，
就像杯子裡的海水
與海洋本身是一體的。

要學習信任，一開始或許不容易。如果你仰賴頭腦去創造信任，將是緣木求魚。這是因為頭腦在思考現實的問題時，會去解讀感官的資料。遇到靈性事物時，頭腦則搬出證據、邏輯，提出假設進行推論，試圖歸納出理智的答案。頭腦要求的是萬無一失與證據，然後它才能提出明確的結論。

反之，講究靈性理解的心靈之道，則是遵循本能去肯定愛的價值。當頭腦想要了解靈，它會設定條件，等到條件滿足了才釋出愛意，認為這樣才合理，心靈之道則使用直觀的愛。愛不是邏輯推斷出的結論。愛是自發的，不是跟理智討價還價的結果。心信任自己憑著感覺便自然知道的內在智慧，頭腦則要有科學證據，才願意信任。

在大部分西方人接受的觀念中，頭腦是我們的智慧核心。假如你問別人，他們處理思維與經歷的能力是哪來的，他們一般會說來自大腦。拿同一個問題去問明心見性、重視靈性的人，他們會說是心。

當頭腦尋找具體的證明，以此理解靈性，頭腦便逾越了自己的本分，其實心遠遠比頭腦更適合游走於靈性的領域。因此，務必信任心所知道的。少了全然的信任，便不可能見識到較高自性的奇蹟，成為顯化高手。

靈性的生活不能在搜集理性資訊的土地上成長。靈性需要情感的沃土，而那是由看不見的維度提供的。務必信任自己的心靈空間，不然靈性的生活無法健康壯大。

所以，我們需要調和頭腦與心靈的關係，以我們大部分人的情況來說，也就是終結智性的主宰地位。頭腦要卸下時時刻刻扮演的法官角色，允許心貢獻智慧。就在頭腦一步步臣服的過程中，我們對心的信任開始壯大，取代疑慮。

大部分的人類在人生的早期便開始喪失信任。我們一向不允許心靈的空間成為我們安身立命的核心，了解原因所在，有助於我們重建信任。以下的兩種理論描述了我們在自然界的地位。我想你會同意，第一個理論解釋了為什麼我們極度不信任自己，也信不過自己的神聖能力。

影響我們信任能力的兩種自然論

理論一：將自然視為一種機械

把自然界當作一種機械的觀點，主張萬物都是一位老大製作出來的造物，這位老大有很多名字。以西方人的說法，他叫上帝。

上帝常常被刻劃成一位白鬍子的男性，在虛空之中來來去去的創造自然界。這個理論中的世界是一種結構體，上帝就是建築師。這位《聖經》裡的上帝充滿父性、權威、慈愛，在許多方面又宛如暴君。他關注萬事萬物，清楚每個人的所作所為，知道他的律法何時被人打破。

這個自然論訂立的其中一條規矩，是一個人犯下罪行便要受罰的觀念。這位上帝或天父，要我們為罪行負起責任。而古往今來，都是由宣稱能夠連結上帝的人來詮釋上帝的律法，決定怎樣算是觸犯律法。基本上，整個宇宙是一個君主政體，上帝是君主，我們是子民。所有的子民從出生起便被視為有罪，罪惡的汙點是他們天性本質的一部分，不是值得信任的人。

這樣的自然論讓許多人有了隔閡感，對創造自己的老大抱持疏遠的態度。我們越是覺得自己跟這位上帝是分離的，越會挖空心思，設法讓自己感受到我們是有價值的。於是，我們建立了以外在條件決定自身重要性的概念，稱之為「自我」。

依賴自我終究會擴大我們的隔閡，導致人生變成競賽，要跟別人一較長短。然而我們在自我的主導下抱持著「我們才不像他們」的態度，卻能夠緩解一部分的隔閡感。我們按照「自我經濟學」（egonomics）的標準，以儀表、傳統、語言、身體特徵來判斷別人是哪一類的人、具備什麼價值。

我相信這個自然論最棘手的內在問題，在於衝擊我們自我信任的能力，待人處世都很難堅定不移的信任自己。一旦認定自己不值得信任，本質上就是一個罪人，你會陷入深度的迷惘。假如你不值得信任，你又是根據什麼認定自己不值得信任呢？根本不可能嘛！

當上帝是睚眥必報的老大，凡事都會變成我們懷疑的對象。於是，我們落入做什麼都疑神疑鬼的混亂中，因為我們的看法、感受、信念統統不可信任。在這種情況下，我們連對上帝的信任都保不住，就因為我們根本信不過自己。而不信任上帝，則似乎打破了上帝的律法之一。滿盤皆輸。

這一套關於不值得信任的自然論雖然盛行，跟顯化的第二法則卻完全不相容。要是宇宙的力量與能量不在你之內，你便不可能接引過來進行創造、吸引豐盛的生活。

理論二：自然是自發而不批判的

在這一套自由發展的觀點中，上帝是流經萬物的宇宙智性，讓一切自然而然的發生。重點在於覺知到萬物的神聖本質，而不是管理與控制自然界。生命勢能不會批判，並且創造了一切。

在這個理論中的自然，各種形式的生命都不會受到逼迫，可自然發展，沒有「老大」。人不必學習如何管理、控制自然界，信任自然才是人的本能。在這個理論中，上帝喜愛萬物。

人類是這位上帝的其中一面，因此具備神性。大致而言，這個理論將人類視為最高級的生命體。信任最進化的自然人類吧，信任人類行為的弔詭之處，信任我們所謂的善與惡、自私與無私、貪婪與慷慨，就如同我們尊重其他形態的生命體、進而信任他們的發展歷程一樣。

要是我們信任人類的根本天性，便不必發明一個與神性分離的自我。要是我們信任自己，便會明白如何不干擾自然、過著和諧的生活。當我們認知到的上帝是一股看不見的、慈愛的、包容的力量，存在於萬物的核心，允許我們自己作主，那上帝便是受到我們信賴的部分本質。

我相信我們的本質比我們的思緒更可靠。法則二要我們開發內在的知曉，讓我們嚮往的事物隨著自然的發展歷程，也嚮往起我們。想想我們的生理系統如何張羅必要的原料，讓毛髮得以生長、有食物可供消化、指甲得以變硬、乳房得以綿軟，不必我們以意念引導那些過程。思緒常常會帶我們誤入歧途，而我們的本質卻展露在我們運作出奇順暢的身體與心識中。當你信任這樣的自然過程，便會開始信任萬物的本質。萬物內在的上帝見證你以信任回應生命。

自然本身的秩序時而扭曲，時而直接，搖搖擺擺，不講究正統，像浮雲與山巒一樣有百變的風貌，沒有我們看得出來的模式，完美無瑕。當我們堅持控制自然，我們是在干預自然。

擁有想要修正自然的心理需求，代表我們不信任自然。但是當我們放輕鬆，擁抱宇宙千變萬化的風貌，便是允許自然的神性流經我們的生命，推動我們的發展。此時的我們便已經接通了神性。

想像你這個有覺知能力的生命體是由上帝飾演的，就像海浪是海洋的一部分，是由海洋飾演的。這個自然論能夠激發你需要的信任，讓你將宇宙中屬於你的一切吸引過來。這一股看不見的神聖能量便是構成你這一道波浪的海洋，你是它的一部分。你可以將它稱為上帝或海洋，就此而言，任何名稱都行。

這是一種很深刻、細膩的領悟，因為有了這樣的領悟以後，你便可以將自己其實存在於萬物中的內在覺知，帶進你的意識裡。奇蹟般的顯化便得以發生，原因就在於你跟自己想要顯化的一切是相連的，而你總算明白這便是你的真相。

同時存在於萬物之中

唯有透過內心的心領神會，才會有真心實意的信任。當你進入這樣的信任境界，屬於你的一切都會來到你身邊，因為你已經開創出接收那些事物的內在能力。諷刺的是你想接收的事物，原本就是你的一部分。這個概念或許不容易理解，因為小我熱愛劃清界線的狀態，以維持自己的特殊性。

理性的頭腦絕對無法說服你，水是由兩個氫元素和一個氧元素構成的。水一看就是可流動的液體，根本不是氣體。但是把水拿去仔細化驗，水的組成成分便會現形。同時存在於萬物之中的概念也是如此。

以我們日常生活的經驗，我們沒有任何理由相信構成頭腦的成分之一，是某種存在於所有生物之中卻看不見的東西。但是當我們用量子力學檢視自己的生命勢能，便會發現這種能量確實不是一種粒子，而是同時存在於所有生物中的同一種波。

想要信任這種天地間的能量，前提是你接受下面這個「不理性」的事實：在你根本的本質層次上，你不但值得信任，還是無所不在的生命勢能。如果你真的信任這個概念，便會明白你覺得自己人生中缺乏的一切，都跟你一樣是那種能量的一部分。因此，顯化這門技藝，便是將你所是的一切帶到你的身邊。

在某種意義上，這就像你嚮往的事物都串聯在一條無限長的線上，儘管如此，這條線卻以某種看不見的方式連結到你身上。只管信任你可以把這條線拉向自己，理應進入你生命的事物就會跟著來，而前提是你建立接收的能力。難就難在如果你不相信自己是神的延伸，你便無法接收，甚至連顯化的邊都沾不上。

我喜歡想像神是海洋，而我是杯子。如果用我這個杯子去裝水，便可以從這片海洋舀起滿滿一杯的神。不管我怎麼解析這杯水，水都蘊含著神。好，這一杯神不像海洋那麼浩瀚，不是全知也不是全能，但仍然是神。憑著這個譬喻，我可以信任自己，同時信任當初創造我這個人的智慧，看見我們是一體的。

我刻意不在這本書大量引用別人的說法。但我要強調，古往今來的每一位靈性大師、所有的聖人、導師、上師、教士，都認同類似的說法。這一套歷時悠久的靈性思想串聯全人類，從古代的部落到現代的文明世界都是。大家傳承的訊息都是神存在於眾生之內與之外。而且，我們都屬於同一個世界，在那裡並沒有時間與空間的更迭變化。此外，在當下，我們便是看不見的靈界的一部分。

既然神無所不在，便不僅僅是在你之內，**更是**你本人。這表示你甚至不能從自己內在發現神。「你與天父是一體的」這句話不光是教會的訓示，還一語道破你的實相。

你好好練習，就可以學會認識這樣的實相。你可以學會看見所有生物周身的氣場光芒。你可以學會投射能量去幫助別人，給予別人力量與支持。其實，這不是你需要學習的技巧，只要信任那股能量是你的一部分就行了。

要學會信任自己的實相，最有效的方式大概是透過禱告的力量。運用禱告和信任來顯化神性的願望，乍看是魔法一般的方法。但是首先，你可能需要更新關於禱告的老舊觀念，發掘關於禱告和禱詞的嶄新內在觀點。

禱告與信任

說到禱告這件事，我們似乎經常把上帝當作一臺在天上的巨型販賣機，當我們投入正確的禱告幣，便會實現我們的願望。我們將禱告投入機器，按一下按鈕，便指望上帝送來好事。上帝牌販賣機成為我們敬拜的對象。我們跟它說它如何美好、我們如何崇拜它，然後等著它好好回報我們。

這種觀點的基本假設是上帝在我們之外，所以我們需要的、欠缺的，也都在我們之外。做這種類型的禱告，就像是上帝缺席了，不在場。如果我們相信自己跟上帝之間有隔閡，販賣機式的禱告模式便會強化並加深這種信念。

我喜歡推廣的概念是回歸禱告的本質，將禱告視為與上帝的懇談。於是，在靈性層次上的禱告就成了跟上帝溝通，並且知曉上帝跟我們非常親近，就在我們的呼吸吐納間。我們在禱告時尋求的是與上帝同在的體驗。禱告是在表明我們已經準備就緒，打算讓神聖的能量透過我們的人類形態進行顯化。沒有隔閡，上帝沒有在我們內在缺席，而是臨在於我們體內的這股勢能。

因此，我們確確實實體驗到上帝以後，上帝不會出現變化或異動，但我們會。我們的分離感會獲得療癒。如果我們沒有隨著禱告改變，那是因為我們拒絕給自己一個機會，去認識那個創造了我們的智慧。

從自身之外的地方尋求幸福，會讓我們又一次認定自己不完整，降低禱告的層次，處於向一位老大或上帝苦苦哀求的狀態。這時的我們是在要求施捨，不是想要顯化我們看不見的優秀自性。

我說的禱告是指靈性層次的禱告。這種禱告不是在求東求西，而是想要成為顯化高手，讓事物出現在你的生命中。在我而言，真正的禱告是邀請神聖的願望透過我這個人來展現它自己。這種禱告是為了圓滿我最崇高的目的與良善，或是為了造福全人類。在這個層次的禱告，跟我與神聖能量合一的經驗是一致的。

你可能會覺得我的說法很極端，甚至不敬神，然而這卻是所有靈性流派的源頭。底下舉幾個例子：

基督教：神的國就在你們心裡。

伊斯蘭：認識自己，就認識神。

佛教：人人皆有佛性。

吠檀多（屬於印度教）：阿特門（個人意識）與婆羅門（宇宙意識）是一體的。

瑜伽（屬於印度教）：神以你的身分棲身在你之內。

儒教：仁者，以天地萬物為一體。

奧義書（屬於印度教）：了解自性，便了解了整個宇宙。

禱告需要克服你自身的制約，這很關鍵。一開始，你在理智層面上或許能夠認同這個道理，卻不能真的做到。所以，我建議你用禱告取代你一整天漫無邊際的思緒，讓禱告成為日常的體驗。信任你跟神的交流，別停駐在嘮叨不休的狀態。

將**關於**你自身經歷的念頭，用禱告的經驗取代。比如，這樣的禱告可能是默念「我正受到神聖的指引」或「聖愛正流經我」之類的句子，而不是想著各種念頭。這種形式的禱告是在耕耘內在自我，清除自我的喋喋不休，壯大你想要的事物以及想來到你身邊的事物。我個人的禱告方式是跟神交流，看見神在我之內，請祂給我力量及內在覺知，讓我可以做好任何事情。我知道自己跟我們稱為神的那個生命勢能不會分離。我知道這一股勢能將我連結到宇宙萬物，當我將注意力放在自己想要吸引過來的事物上，其實不過是在顯化我的一個嶄新層面。

然後我不會執著於結果，讓宇宙處理細節。我回歸平靜，提醒自己人間天堂是一個我必須作的選擇，不是我必須找到的地方。我選擇跟神的勢能一起生活，神的勢能正無礙的流經我，此刻就是要這樣子跟神共同開創人生。所以說，信任是我禱告的基礎，有了信任，便有了安然自在，而安然自在正是顯化的要素。

安然自在：信任的結果

最高自性要你體驗到安然自在，這是開悟的定義之一。你或許還記得，前文提過我對開悟的定義，是整個人沉浸在安然自在中。你越是信任那個創造萬物的智慧，便越能夠信任自己。信任的結果便是感受到浩瀚的安然自在。

當小我堅持要贏、要跟人比較、要論斷別人，便可以將信任帶來的安然自在拿來安撫小我，平息恐懼。當你可以信任，便會知道神跟你是一體的，就像杯子裡的海水與海洋本身是一體的。你是行動中的神性勢能，就像海浪是行動中的海洋。

這樣的覺知發展到後來，你會發現自己變得更安然自在，於是開悟成為你的生活之道。別人的美言不會讓你忘形，你也沒有堅持自己正確無誤的心理需求，這些都是強力的指標，顯示你的人生正在轉變，變得更能夠帶著覺知去信任自己與神。然而生活上有很多人會打亂我們的安然自在狀態。這時的問題在於，當別人在有意無意間破壞了我們體驗到的信任與安然自在，我們要如何應對。

我曾經用有點戲謔的文風，寫過一篇名為〈你的靈魂伴侶就是那個你幾乎受不了的人〉的文章。文章的重點是在我們生活中，跟我們投緣且志趣相近的人雖然很容易一拍即合，其實我們很少能從他們身上學到什麼。反而是那些會惹毛我們、隨便撩撥一下就能引爆我們怒火的人，才是我們真正的老師。

那個最擅長干擾你安然自在狀態的人，是在提示你沒有真的進入伴隨信任而來的安然自在或開悟狀態。在那一刻，這人是你最偉大的老師。這才是你要珍惜的對象，你要感謝神把這個人帶進你的生命中！以後當這個人似乎又在挑動你的憤怒、氣惱、心煩，你卻超然以對，說道：「謝謝你的教導。」這便是認可了你們靈魂伴侶的關係。

生活裡那些會故意惹你、讓你陷入狂怒狀態的人都是大師級的教師，只是裝出喜歡擺布你、不體貼你、泄你的氣、不肯理解你的樣子。開悟即安然自在，安然自在的意思是當你跟志趣相投、認同你的人相處，當你跟來來去去的陌生人往來，你都安然自在，不僅如此，當你面對那些會提醒你仍然需要在自己身上下工夫的大師級教師，你也能安然自在。

感恩那些化身為你兒女、現任或前任配偶、惡鄰、同事、粗魯陌生人等等的靈性大師，因為他們協助你保持開悟、安然自在的狀態。每一天，他們都讓你知道自己究竟還需要下多少工夫，看見自己在哪些方面仍然不能駕馭自己。

當你的最高自性掌管了你的生活，平靜會降臨。當你開始感受到平靜隨著信任而來，你的靈魂便是健康的。記住，真正的靈魂只有一個，你的人格是整個靈魂的一個載體。無限的靈魂不能分裂成好幾個。分裂不存在。務必信任這樣的覺知。

當你認為分裂存在，就已經不是在認同神性勢能，而是接受小我的庇護。你在那裡是找不到平靜的，也不會信任當初創造了你這個人的智慧。

顯化法則二便是信任一體性，讓這樣的信任成為你生命中的實相，要做到這一點，有很多你可以常做的日常練習。

如何信任自己、信任那個創造了你的智慧

● 先承認你的迷茫或失敗。這樣做，是在破除你對信任的一切錯覺，你自以為的信任實際上是虛假不實的自信。提醒自己，凡是主張你必須保持獨特、保持區隔才可以建立自信的制約，統統要放掉，這樣的信任才是真實的。

在人生的各方面都對自己誠實，便會停止認同分離。然後，你便準備就緒，可以領略到信任自己跟信任終極的真理是同一回

事。時常提醒自己，你是上帝的兒女，你內在蘊含著神性勢能。讓「我就是它」、「它就是我」這兩句話從你的內在核心升起。

● 記住，抓住較低的層次不放，是到不了高處的。要是你戀棧物質世界，不願鬆手，便不能離開這裡。信任的概念包含臣服及信任神的勢能。

想像你從懸崖墜落時扳住了一塊巨岩，認定巨岩能保住你的性命。鬆開扳住岩石的手，則象徵了臣服與信任。你照樣在俗世生活與呼吸，但你明白自己不只是一具肉身跟一個腦袋，巨岩也不是你的救贖。你的需求與要求都消失了，而你與顯化的意識合而為一。

當然，你確實仍然是血肉之軀，但你也融入了顯化的意識。憑著這樣的信任，你可以參與創造的活動。你將在目前的世界得到嶄新的體驗。你會把神給你的自由與尊重，帶進你在人世間的境況中。

- 以反叛的態度，對抗那些把上帝說成是老大、是權威、是仁慈暴君的思想。摒棄那一類的思想不代表你是無神論者，而是你相信神性的真義。

　　你不必感到低下，覺得自己是罪人，向偶像與教條低頭，就為了信仰上帝。研究一下聖保羅在《新約》說的話：「你們當以基督耶穌的心為心：他本有神的形象，不以自己與神同等為強奪的。」務必要有這樣的信任，才能認識你的神聖自性。

- 並不是有了信任，就能夠從此與人生的低谷絕緣。只要你活在人世間，就會有起有落。沒有與幸福美滿相反的經歷，就沒有幸福美滿。正反相對是人世的規矩。要曉得這也是你的實相。

　　當小我認為你不應該面臨當下的處境，不要放棄信任。黑暗降臨時，最好保持信任，曉得光明就在後面。開始尋找黑暗帶來的教誨，不咒罵。信任讓你可以單純的觀察那些陰鬱的苦日子，不致於完全陷入人生的黑暗面。從這個角度來看，你不是只能任憑小我的能量擺布，事事堅持完美，一旦事態發展不如己意，便有理由不再信任神性。

低谷只是人間的常道，不代表你這個人。你是那個創造了整個人間的看不見的智慧的一部分，義無反顧的信任它吧。

- 這個古老的信任觀念蘊含永恆的智慧。誰都感覺得到問題出在內心，但信任靈性的人明白答案也在內心。

當你信任自己，你遇到人生問題的時候，便不會想要從別人身上或外界找到解決方法。你反而會保持信任的狀態。然後，拿出值得信任的樣子，開始將提供解決方法的能量吸引過來。

- 將你最嚴重的問題交託給神。用類似這樣的措詞：「這些是我生活裡的問題，我已經使出渾身解數了還解決不了。我決定將這些事情交給您神性的手段去處理，以示我對神聖勢能的信任。我這麼做的時候，很清楚神聖勢能就是您，上帝，也是我，相信這個行動會帶來這些問題的解決方法。」

我向你保證，這個方法能讓你直接連結到更高的力量，勝過酒瓶、銀行對帳單、跟你作對的合夥人、疾病或是任何你以為屬於外在、與你有區隔的地球事物。我以一句簡單的「我想不出別的辦法了，現在我信任上帝」，放下人生裡的所有惡癖。

倒不是說我現在凡事都由某種外在的力量代勞。我不過是信任那種勢能，那種勢能便開始在我自律的作息規劃裡出現了。我信任永恆的智慧，也信任自己能夠接收到那種智慧，實際應用。這一套流程帶來了我日常生活中持續發生的所有顯化。

● 當你的思維、感受、行事都平衡而和諧，顯然你便具備了全然的信任。當你的思維與情緒狀態、行為出現落差，往往便會偏離我鼓勵你在實踐第二條顯化法則時抱持的信任態度。

仔細檢查你的思維。看看思維是否跟你的行動完全一致。一邊說「我相信要維護身體的健康」，一邊攝取不健康的飲食，會消弭你對自己的信任。當你的思維、情感、行為三者一致，顯然你便信任自己。記住，信任自己，便是同時信任上帝。

違反自己的思維，表示你不信任自己的神性本質。老實面對你表裡不一的地方。揪出不一致，相信自己有克服的能力，便能引來你在蛻變過程中所需的能量。但要是你戀棧那些不一致，心裡想的是一回事，行為卻是另一回事，那你的信任能力便會受損，既信不過自己，也信不過無限的智慧。

實踐臣服的時候，肯定你在根本上是富足的，別妄想自己的生命是貧乏的而自怨自艾。當你修練靈性層面的信任，便是向更高的力量交託小我，把充斥著錯覺的小我信念全部放下。你只是放手，明白神聖的指引永遠與你同在。

- 開始練習冥想，沉思那凌駕一切世俗瑣事的無上法則。對，無上法則**就在**這個世界上，卻不受玷汙。頭腦需要清靜，也渴求清靜。冥想不只是逼頭腦以為它在冥想。實際上，冥想是在體現真理與信任。頭腦淨化了，便自然而然解脫了。

冥想的修持是我生活中的強效工具。我是作家，有時一寫就是幾個鐘頭，順暢得彷彿施展了魔法。也有的時候一個字都沒有。我想寫，腦子卻是空白的。不管我再怎麼想寫，硬是寫不出任何東西。

我已經學乖了，每到這種時候就要離開打字機，安靜的坐好，閉上眼睛，把自己交託出去。我不清楚自己在向什麼交託自己，我就是放下一切，滌清頭腦。我只是這樣子靜心臣服，一段時間後，便似乎連結上靈感的泉源，然後便寫了一頁又一頁，全然不曉得那些內容是哪來的。這個閉目進入寧靜中的程序，讓我有能力接通靈感的泉源。「靈感」（inspiration）這個詞就來自「在靈之中」（in spirit）。

這就是信任。這就是恩典。這就是知道我真的能夠平靜的面對自己，凡是我追尋的事物都能被我吸引過來。這就是顯化的能量，這能量最常在頭腦安靜的時候出現。頭腦要安靜，才能觸及真相。

冥想的時候可以接觸到自身屬於真相的那一部分。我們在交託自己的過程中，可以練習將冥想時觸及的真相落實在日常事務中。信任也比照辦理。在你安然自在的寧靜時刻交託自己，去信任，自然會明白這條顯化法則的真相。

第二條顯化的靈性法則，引導我們前往更高的內在境界，給我們信心，去信任我們的感官感應不到的東西，點亮我們內在的知曉，讓我們體認到人生旅程遠遠不是只有我們看得見的事物，而我們漸漸信任了這樣的知曉，直到安然自在的平靜，取代了懷疑與焦慮。

信任帶來知曉。知曉不會因為你遇到的人有相反的意見就消音。當信任成為你的生活之道，別人的忠告便不能干擾你。你不再需要向誰證明自己，也不再需要說服別人你的觀點正確無誤。

你會成為靜默的智者，在物質界安身立命，知曉自己接通了能夠滿足你一切需求的靈感泉源。確實，你會開始看出這個人世間，其實是你很大的一部分，遠超乎你的想像。這便是第三條顯化法則的主題。

法則三

你不是環境裡的生物，而是環境生物

身為完整的人，
你與萬物是相連的。
你具備無限力量，
那是小我主掌的自我，
萬萬想像不到的力量。

大部分人覺得顯化能力是非常陌生的概念，其中一個原因是小時候大人說我們是環境裡的獨立個體，我們就信了，以為自己的身分是環境的主宰，聲稱自己是環境裡的個體。這樣的邏輯觀點會削弱我們的感應能力，讓人難以察覺自己跟環境的連結。

由於喪失了連結感，我們相信自己沒有力量，不能從環境裡把自己想要的事物吸引過來。於是，在我們成功顯化的時候，就以為那不過是僥倖或偶然。當我們改變這樣的自我認知，就能夠啟動我們的顯化能力，體認到顯化是我們揮灑神性的結果，不是什麼不可能的事或運氣好、巧合。

進入第三條顯化法則，要先明白我們絕對不可能跟環境切割。我要自己造字，用一個新詞把這一條法則解釋清楚。在本章接下來的篇幅裡，都要認定自己是「環境生物」（environorganism）。這個詞表明了你與環境沒有任何差異。你就是你的環境，更重要的是，以本書的宗旨來說，你的環境就是你。

我們身爲環境生物的本質

試試把外界或者說你的環境，想成是你身體的延伸。也就是說，你跟自己看見的外在世界之間並沒有界線。在這個概念下，當你要描述自己，不可能不一併交代你的周遭環境。事實上，要是你脫離了環境、成為獨立的個體，你根本不可能看見自己或聽見自己。

比如，描述你在走路，就單單你在走，如果不一併交代走在什麼上面，甚至不可能有走路這回事。少了地板或地面，你就只是在前後移動雙腿，當然不是走路。你走路的體驗還包括走路時呼吸的空氣，讓你不會飄進太空的重力，你踩到的石子或地毯、沙子、水泥，還有構成石子、地毯等東西裡的組成元素。

除了拿走路當作你是環境生物的例子，也檢視一下你正在閱讀的這一頁。你實際上看到了什麼？黑色的油墨構成了你在閱讀的文字。想像這些文字沒了印刷的背景之物。此時，原本印了文字的白紙不會是你注意的焦點，但你現在捧在手上的這本書的這一頁紙，跟每一個稱為文字的印刷元素結合在一起，便有了意義。紙張本身就是這些文字離不開的環境。

以這個譬喻來說，你是文字，一切印刷了你這個人的事物則是你的背景。如果你要掌握顯化的本領，這就是你要了解的重要法則。就像要是沒有黑暗的天空充當背景，不可能看得見星星；如果你想看見自己或旁人的身體，也需要有能跟身體形成對比的背景，所以說，這一條法則你也適用。

如果拿掉你的環境，根本不可能說得出你是什麼。在你的認知中，你是環境裡的一個生物，我要請你轉換這個認知，改成你是環境的延伸，與環境永遠分不開。抱持這種觀點的結果，是你會開始看出環境裡的一切都是你的一部分，反之亦然。環境並不是一定要靠你牽著走，你也不是一定會被環境牽著走。環境是你本身的延伸，就像你也是環境的延伸。

這是很獨特的概念，需要你去領會。但這很重要，是理解本書的基礎。你既有別於環境，又與環境分不開。

既是一個個體又是一個環境

你見過誰只有正面而沒有背面？你見過誰只有外在而沒有內在？這兩個反問的用意，是刺激你思考如何做到一邊辨別差異、一邊一視同仁，以及為什麼這對你學習顯化自己選擇的人生很重要。

這個物質世界的特性，基本上是波。構成一個實體的每一種能量波都有波峰跟波谷，就是高點跟低點。波的高處跟低處總是很容易被獨立看待，實際上卻始終相連。你不可能拿水桶舀一桶波峰進行獨立的觀察，摒棄相應的波谷不管。這是自然的基本特質。磁鐵的北極和南極永遠同在，卻永遠截然不同。你的正面永遠有背面，你的內在永遠有外在，而現在，你也要將這個領悟向外延伸出去。

當然，你是一位在這個環境裡生活的人，還可以拿大家都懂的詞彙來指涉你跟你的環境，將你們描述成兩者獨立。只是你也得記住，要從環境裡把你分離出來也是辦不到的事。你與環境有區別，就像波峰跟峰谷截然不同，但你不能撤回自己跟外在世界的連結，就像波谷總是有個波峰。

當你開始明白這個簡單的真相，顯化的神祕體驗也會向你敞開大門，有了實現的可能。大部分人不懂這個小小的真相，以為自己跟環境是分離的，非要控制環境不可，在情感上備受煎熬。一旦我們這麼做了，當然不光是沒尊重環境，同時也是沒尊重自己身為環境生物的基本特性。

擺布自然或是將環境視爲我們自己

當我們認為自己跟環境不一樣，便會對環境抱持控制的立場。這樣的思想導致我們在集體層面上及個人層面上，都採取破壞的行為。

我們毀去森林、沼澤、山川、野生生物，毀掉一切會擋住財路、造成不便、不利於打造所謂的「先進」文明的事物。我們為這些活動辯護，不明白那也是在傷害我們自己。要是我們看不出再這麼不把自然當一回事，其實是在傷害自己的一部分，地球終將不宜人居。

所有人都需要開始去體會自己是整體環境的一部分。如此，我們或許會不再企圖降伏環境。我們對環境沒有愛心，既不溫柔又不尊重，是因為我們以為環境不是我們，而我們正在收服環境。但我們已經看到了，要是沒了環境，就不可能說得出我們是什麼，而要是沒了我們的外在，也不可能說得出我們內在是什麼。

有了身為環境生物的概念，我們便不會不尊重身邊的萬物。當我們懂得尊重那些看似在外界的事物，我們會追求與環境和諧共存，不會想要操控環境。

在我們個人的生活中，承認自然就是我們自身，便能開啟一個充滿顯化事件的新世界。我們看見自己置身在一個具備智性的世界。由此可見，存在於我們內在的智性必然也存在於環境中。有了這樣的認知，萬物之間的連結便會清晰許多，能讓我們看得出來。我們明白無論生活裡似乎缺了什麼，其實是因為我們以前接受了錯誤的觀念，以為要從自身之外的地方找到我們缺少的東西。

身為環境生物，我知道在我的個人環境裡看似缺少的能量，與我自身（內在與外在，正面與背面）的能量是完全一樣的。因此，如果我認為自己缺了什麼，癥結在於我認為自己跟想要的事物之間分隔兩地，不是相連的。

你會開始意識到自己可以吸引萬物前來，因為你跟萬物在能量上是緊密相連的。認為什麼東西都輪不到你的想法開始消失，你明白顯化不過是將你之前沒意識到的自身特質，具體顯現出來罷了。

你會看見自己不僅存在於環境中，也存在於環境裡的所有人事物中。有了這樣的嶄新信念，你就沒辦法再將萬物看作是各自獨立的個體。萬物之間永遠都存在區別，就像波峰有別於波谷，儘管有區別卻始終分不開，彼此有差異卻是無法劃出界線的同一個波。你認知中的界線導致相連的能量不能發揮作用，所以你得把被拆開的兩半銜接回去。你會開始把自己視為這個世界的生物部分，不再是這個世界上的一個獨立個體。

將自己視爲這個世界的生物部分

主張我們是「來到這個世界」的信念大行其道，以致我們一直以為自己的本來面貌跟我們的來處，屬於兩個不同的世界。第三條顯化命運的靈性法則的核心概念就是沒有分隔，你不是像一個建築工程那樣進入這個世界，你實際上是從這個世界生長出來的。

看一下李樹，瞧瞧李子如何出現在我們的世界中。你種下種子，長成李樹，最後開花，結出李子。李子蘊含的智性存在於這個世界中，所以種子、花、樹幹、枝枒、根裡也都有。李樹的每一個部分都內建了李子的智性。我們不會說李子是從李子形態的靈界來到地球的物質界，再變成果實。事實上，當我們看到李樹，就可以斷言它會結出李子。年年如此。

就像李子是從李樹長出來的，你也是從這個世界長出來的，你整個人的每一個層面都攜帶著跟世界一樣的能量。如果你從遠處眺望地球，你會看到岩石、海洋、植被，實際上還有人類這種玩意兒。你是宇宙自主創作出來的成果，就像海浪是海洋的創作，李子是李樹的創作。構成你這個人的智性，儘管肉眼不可見，但是在你受造為人、在你走過人生歷程的每一個階段，這智性都是你，這個物質世界的每個人及每件事物也都是如此。

我們大部分人接受的教導則相反。一般人將創世劃分為看不見的靈性領域，與物質的現實世界。還有，我們是某種建構行動的產物，不是從這個世界生長出來的，而是被安置在世界上。這當然會強化我們的無力感，認為創造的活動輪不到我們插手。如果你要賦予自己力量，參與開創你的人生大小事，就得放掉以前的觀念，但是提醒你一聲，要殲滅那些老舊的思維沒那麼容易。制約的程序已經植入你這個人的根基裡了。

等你看出自己是從這個世界生長出來的，你也會看出當初創造出你這個人的那枚種子裡所蘊含的原生智性，是一種流經世界萬物的能量。你跟孕育你這個人的環境雖然很容易區別，卻永遠相連，不能分開，就如同你的呼吸與你呼吸的空氣，如同你的步行跟你行走的地面，如同你的思緒跟你用於思考的那個有機物。

注意每個人都在呼吸相同的空氣，走在相同的土地上，都以生物的身分思考，就跟你一樣。你確實跟這些人都是相連的。一個住在遙遠國家的人，跟你有不同的外貌特徵，操不同的語言，哪天死了說不定會將肝臟、腎臟，或眼角膜捐贈給你，而你收下的器官會讓流經你的生命勢能繼續流動，這可不是意外。就像李樹會長出李子，你是這個世界孕育出來的，是地球繁衍人類的成果，這樣的概念能夠幫助你顯化出自己的命運。你會得到創造的智慧，不會淪為一個由外力控制的提線木偶。

當我們相信外在的自己不是自己，認為地球繁衍人類的過程跟我們無關，我們會養成疏離與敵意的態度。在這種態度的牽引下，我們談論起人類如何征服環境，不能善用覺察的能力，察覺我們是跟萬物相連的生物。征服的心理需求導致我們對抗環境。

美洲原住民有一句寓意深遠的重要諺語：「沒有哪一棵的枝椏之間會蠢到互毆的。」想想要是一棵樹的枝椏真的廝殺起來會怎樣！這棵樹跟它的每個部分都會死於這一場荒唐的爭鬥。然而當我們跟別人劃界線，看不出我們都是由相同的神聖智性繁衍出來的人，我們的行為就是那麼離譜。

我們是由這個世界孕生的，是神聖智性工作的結果，這是我們絕不會失去的連結。你可以把自己想成是這個宇宙的一個表徵，別再當自己是宇宙裡的異鄉人了。

我們當作是內在的靈的那玩意兒，其實就是讓你從這個世界孕生出來的那個神聖而不可見的智性，它也會讓你持續成長。它跟你的有形本質、你的環境、這個宇宙裡的所有人事物，也是分不開的。如果你不是這樣想，那麼就會強化自己的無力，無法改變你的命運，也無力顯化或吸引任何事物。

當你知道自己是這個世界孕生出來的，就像蘋果是從蘋果樹長出來的，你便是認同了這種靈性本質。你要認同內在的靈性本質，才能夠串聯萬物。有了串聯，就可以開始將自己的欲望吸引到物質世界來。這種吸引的力量是本書第四條法則的主題。

現在，我要你搞清楚自己究竟是如何從這個世界孕生出來的。對於這個概念，還有那個宣稱你是被某一種外力從另一個世界送到這個世界的概念，你必須認清兩者的差異。你不是由兩個永恆黑暗之間曇花一現的意識所化身的實體。你是在這個世界永恆成長的一種本質要素，在這個世界，靈與靈的化身對我們的感官來說是不一樣的東西，儘管差異確實存在，卻也是相連的。你同時是靈與靈的化身，兼具兩者的本質要素。

務必要有這一份覺知，你在這一條顯化之路才走得下去。這是一種力量，小我或許會說這份力量只屬於你，但是別搞錯了，這不是專屬於你的力量。

力量在你之內，但不是只屬於你

這個世界的力量與神奇，沒辦法保留給哪一個人專用，包括你。那力量隨時都能取用，卻不屬於任何人。你以環境生物的身分去做的事，就是連結這一種超越了人世間二元性的能量，然而這能量同時連結著人世間的二元性，兩者是分離的卻明顯不同。

連結這種能量的辦法就是去了解它。物質層面的事物都會經歷光明與黑暗。要是只有光明，就不會有黑暗的概念。但有一個東西永遠不會曉得什麼是黑暗。那就是一切光明的源頭：太陽。這個源頭超脫了物質層次的二元性。在你壯大自身的力量時，太陽就是你要連結的能量泉源。

太陽的能量不是你的，卻永遠向你開放。這能量不受制於二元性的法則，你的靈也不是，而靈是你神性力量的源頭。但靈仍然是你，任憑你差遣。

你不能將這種力量收歸己有，就像環境不會是你的持有物，無法由你控制。如果你要持有這種力量，就表示你跟它必須是分離的。如此才會有一個持有者，跟一個持有物，這牴觸了你身為環境生物的本質。你是完整的人，同時具有非二元性的能量與物質層面的能量，兩者都隨你使用。

你是完整的生命體。所以你對自己的身分要有全面的認知，明白自己是環境生物，才能認識自己。要是你認為自己是一種靈肉合一的生命體，獨立在環境之外，你便不可能認識自己的完整狀態。身為完整的人，你要粉碎分離的幻象，揭露你與萬物的連結。這會帶給你力量，那是小我主掌的自我萬萬想像不到的力量。

將自己視爲一種全息影像

我在這個法則三談到各種看待自己的角度，最有趣的其中一種是去研究一個全息影像，然後你也從全息的觀點去看待自己。要是你不知怎麼的看到了全人類與同時存在的其他事物，你便會看出宇宙的全息本質。實際上，你現在的視野受到限制，一次只能看到地球的一小塊。

全息影像是一種用雷射光拍攝的立體影像。全息影像的特點是每個小片段都蘊含整個影像。要是把整個影像拆成小片段，取其中一個片段來投射，投射出來的依然會是原本的完整影像。

全息影像完美呈現了你身為環境生物的特質。你的環境包含了每個人，生者跟死者都是，你可以把他們的能量拉到自己這邊，因為按照全息的觀點，他們就是你。你是一個小小的具體影像，要是在靈性維度把你的影像投射到宇宙的螢幕上，便能看到全人類的影像。這是你擺脫不了的結論。

我們對全息影像的理解可以套用在內在與外在。從你的身體取下一個小片段，用雷射光來投射就可以顯現出你整個身體的影像。你身上的每一個細胞都蘊含整個人的能量。在外在方面，你是一個可以把全人類的全息影像映射出來的小片段。

可惜，世人還沒有在生活中使用這種全息式的認知。我們體認到自己跟全人類相連在一起的時代將會到來，無法阻擋。在歷史上，我們按照各種意識形態將彼此劃分成各個國家，諸如資本主義、社會主義、極權主義、共產主義、君主主義、民主主義，而且往往把這些意識形態看得比全人類本身更重要。我們根據外表和國族主義來區隔彼此，比如義大利人、美國人、日本人。我們還加碼用經濟能力或薪資等級，給自己更細的階級分類。

國家內部則依據政治右翼及左翼、宗教信仰進一步分裂成不同陣營，這樣的區隔向下延伸到家庭之中，終至個人。這種劃界線的過程跟我們實相的全息模型恰恰相反。

不管喜不喜歡，天底下的人類基本上都一樣。我們都有恐懼、愛恨、嫉妒的情感。我們也會分享維繫生命的血液，捐血挽救需要輸血的人，我們還有相同的臟器和思想。但我們的小我卻執意要劃分族類。

當我們檢視自己，也有給自己劃分類別的傾向，以致我們背棄自己的神聖本質，遠離可以顯化命運的世界。我們要監控自己的內在衝突，以免造成內在的分裂。小我有許多造成分裂的思想，比如：我的現況不是我該有的、我的行為不是我該有的、我以前才不是現在這個樣子呢、我應該做到別人跟我說的事、我搞砸了現實生活、我的想法和心情、我看起來這麼平庸別人卻光鮮亮麗、我的收入跟別人的收入、我需要的收入。諸如此類的例子可能無止無盡。

這一切的內在衝突都是因為我們有劃分再劃分的習慣，在世界、國家、社會、個人的層面劃出不同的陣營，暴露出我們的混亂無序。

只要我們沒能體認到所有的人類其實是全人類的全息影像，便無法在世界上或生活上建立秩序。我們都反映著整體，這是我們一定要開始建立的思維。

當你從人類的全息影像觀點看待自己，就會在能量層次上連結到你環境裡的所有人。一個環境生物真的反映出全體，而你分享的能量是由全體共享。認清這一點，你就可以選擇取用這種天地間的能量，不論何時何地，只要象徵性的想像自己反映全體就行了。一旦你毫無疑慮、沒有保留的做到這樣的想像，就能夠真的看出你的內在思想和欲望不光是存在於你的內在，也存在於全人類的內在，而那可是浩瀚無邊的。這很容易辦到，只要你把自己的信念從分離的小我，切換成環境生物就大功告成了。

身為環境生物，你是單一的個體，在人類全息影像中只占一部分，同時你蘊含全人類的全景。此外，我們因人而異的個人意識內容，在本質上也是全息的。意識就是你所覺察到的精神狀態。你的個人想法只占人類意識全貌的一部分，但同時蘊含全人類的意識。

就跟全息影像一樣，你的思想反映出全人類的思想。在全息觀點下，你的思想是有力量的，可以投射出去串聯全人類。你的思想確實是跟其餘人的思想相連的，你的情感、欲望、整個內在世界也是如此。你可以學習運用這種連結去滋養自己的神性，據此，在根本上滋養全人類的神性。

全息影像的本質跟你身為環境生物的本質完全一致。構成你人類屬性的那種能量存在於你身邊的所有事物中。你就是那能量，那能量就是你。你跟那能量無法分離。關於這一點，我沒看過比《薄伽梵歌》講得更精闢的說法。平時修練靈性顯化之道的時候，要將這些神聖的文句銘記在心。不管你人在哪裡，不管你認為自己目前的生活處境怎樣不圓滿，這些話都對你有益。

見到至上之主平等遍存於萬有裡，見到永恆不朽寓於無常變化之中的人，它是真正見道的人。見到至上的控制者平等安住在一切處，則吾人所為的一切皆不會違逆至上的法則，那麼他就會達到至上之境。

這一段精妙文字的關鍵詞是「遍存於萬有裡」（in all that is）。萬有包括你、我以及世間萬物。萬有就是你。你與萬有不是分離的。從下列的建議項目裡挑幾個出來練習，以貫徹你對第三條靈性顯化法則的理解，得到實際的體驗。

身體力行第三法則的建議

- 當你的思緒又反映出分離的概念，帶著覺知去檢視自己。想像你是眼前一切事物的一部分，在心裡把你思想的能量，投射給這個星球上的眾生。

將代名詞「他們」替換成「我們」，將神聖的能量發送給同事、家人、陌生人跟你只在電視上看過的遠方的人。在心裡說：「我就是這些人。」「我也在那些樹木和浮雲裡。」「我們真的就是世界，我跟任何人或任何事物都是分不開的。」在這個內在練習的輔助下，你會擁抱自己是環境生物的觀念，不把自己看作是環境裡的一個生物。

● 浸淫在生命勢能的能量中。忘了你的身體和你的思維，專注在不可見的生命勢能上，生命勢能維繫你的生命，又稱為**氣**（chi）或**普拉那**（prana）。看你能不能客觀的感應到這種能量，也感應看看附近的人的能量。看著那個人，忘了那個人的身體。專心冥思你們共享一樣的能量，所以你在能量層次上就是那個人。

觀察自己的能量，也觀察身邊那些人的能量，這麼做可以讓你接觸到所有人事物的靈性本質。覺知你們之間的連結，能幫助你開始運用這種能量，將你想要的事物吸引過來，因為你想在生活中顯化的一切事物裡，也蘊含著同樣的生命勢能。

- 你的感受蘊含著智慧，信任這個智慧。如果你有了什麼感受，對你來說就是真實的。不想被別人的態度拉著走，就不要採信你的心感受不到的東西。

　　做到這一點的方法是信任內在感受的智慧，你對生命體驗的信任會帶來那種智慧。信任自己的感受，就是信任宇宙生命勢能的能量。凡是你確認屬實的感受，就是你與生命勢能的連結，千萬不要無視，反而去青睞牴觸了你內心智慧的信念。

- 練習用溫和、敬重、有愛的態度，對待萬事萬物蘊含的生命勢能。也就是說，你要真心在乎那個在眾生之內的神，將那一份真心融入言行舉止中。

　　一年裡的大半時候我都住在海邊，要麼佛羅里達，要麼夏威夷。有一天早上，我沿著佛羅里達的海灘散步，許多銀色的小魚被沖到岸上。牠們彈跳扭動，喘著氣想返回水裡。我動手將魚扔回海中，這時的海面比較平靜了，不是將銀色小魚捲到岸上的那種浪頭。

我忙著把魚拋回水裡，一個男人走過來，笑我白費工夫。他說了這樣的話：「你根本無能為力，難道你看不出來嗎？這條海岸線上的魚太多了，你的付出改變不了什麼。」我彎腰又扔出一條魚，回答道：「但是那條魚的命運已經改變了。」提醒自己，你的付出確實會帶來改變，即使你覺得那只是杯水車薪，跟問題的規模不成比例。

以溫和、敬重、有愛的態度對待另一個人或生物，對你跟別人都意義重大。愛的能量會發送到宇宙，串聯起萬物之中相同的仁愛本質。這不是在否定自然的食物鏈，而是將愛心、感恩、敬重、溫和散播到萬物之上，即使那是你的食物。

食物的能量也可以維繫生命，到頭來，每一種生物、每一條生命都會成為另一種生物的食物，包括你自己。基本上，我們以後都會變成糧食。宇宙會消融一切形體，將之轉化成新的形體，而存放在形體中的能量則是永恆的。

- 下定決心，每天都抽出一些時間靜靜的獨處，冥思這一條法則。把「我不是環境裡的生物，而是環境生物」的法則當作反覆默念的心咒。反覆默念這句話，久而久之，便會把這樣的實相投射到現實中。

　　這是你顯化大業的開端，因為顯化不過是讓原本就跟你有靈性連結的事物化為實體，具體呈現你新的一面。

- 盡量把你的生活空間打造成聖地。在你的生活空間祝福周遭的一切，讓這個空間充滿植物、鮮花、動物帶來的活力。花一點時間，冥思你的生活空間是聖地。

　　你越是用聖潔的思想和情感活化你的環境，越能感受到靈性的連結。跟充滿冷漠或敵意態度的空間相比，洋溢著聖潔氛圍的空間更能夠自動發揮吸引力，把更多的事物帶進你的世界。充斥敵意的環境會助長不滿，讓你需要及想要的事物不能在生命裡顯化出來。

這種情況在大城市明顯到讓人不舒服，人們對周遭環境的敬意少得可憐，他們砍了樹木、拆了公園，然後多半是用水泥、店面、大樓、高速公路來取代。沒有受到建築公司或居民尊重的空間，從此失去靈魂。

於是，顯化出一個充滿敵意、驚駭、無愛的世界，人也變成那個樣子。但是重建自然，將自然的事物引進你的生活，引進那些為了成長與利潤而開發出來的大型社交生活區域，那麼可以顯化愛、幸福、興旺的能量也會回來。

蘇菲詩人魯米（Rumi）在將近一千年前的詩作〈種子市集〉便反映了這種意識。

種子市集

你能否找到另一個這樣的市集？
在這裡，用你的一朵玫瑰
就能買到千百座玫瑰花園？

在這裡，為了一顆種子，
你就會徹底瘋狂？

為了一次微弱的呼吸，
你會經受神聖的風？
你始終恐懼，
被土地吸收，被空氣揭起。

此刻，你的水珠滑落
進入海洋，
回到它的源頭。

它失去原有的樣態，
卻仍然是水，
本質相同。

這捨棄並非懺悔，
而是深刻尊崇自我。

當海洋如情人到來，
迎親，即刻迅速，
看在造物主的份上！

別遲疑，
這是存在最好的禮物。

怎樣都
遍尋不著的。

一隻完美的獵鷹，無端
降臨在你肩上，
變成了你的。

～魯米經典詩選（*The Essential Rumi*）

- 要知道你的論斷會阻礙你跟你論斷的事物連結。論斷是在你跟你論斷的事物之間劃出界線，認為你們是分離的。記住，我們可以做到觀察外在世界而不予譴責，沒有絲毫的批判，不去解讀，只順其自然。

小我是讓你堅持要劃界線的那一部分自我，當然會防礙你體會這第三條法則。小我差不多每件事都要分析、譴責、下定義、評估、解讀、評斷。每天致力於放手，看見你是自己論斷的一切人事物的一部分。要是論斷消失了，那是因為你已經體認到，自己確實是你論斷的人事物的一部分。你的論斷不過是你對自己的定義。

身為環境生物，你會察覺自己幾乎不可能論斷什麼，如此一來，你就可以用更有效益、更有愛的方式，去應用因而節省下來的能量。也就是說，把能量拿去顯化你的願望，而不是論斷別人。

● 玩味你是全息影像的觀念。如果你記得自己是全人類的一個小片段，你自己的小小形像跟性格都反映出全人類，你就可以把自己希望全人類擁有的面貌投射到自己的世界上。你是差不多六十億個全息影像裡的小小一個，在你人生中的每一刻，你都反映出這六十億個全息片段[1]。

這是理性的頭腦很難掌握的概念，可是話說回來，改天不妨看看立體的全息影像，動動你的理性腦，研究一下一個小片段怎麼會反映出整體。這不是左腦會有的知曉。要你的心才行。從心的角度去看待自己，你會見識到自己在這麼大的世界全息影像中握有多麼強大的力量，這是一種光輝燦爛的體驗。

這就是第三條靈性顯化法則。我們每個人不但是自己本人，同時也是在我們之外的一切。棲息在肉體時，我們絕對沒辦法跟我們的環境分開。明白了這一點以後，就能夠去連結吸引的能量，這就是第四條法則的主題。

1 已在二〇二二年十一月突破八十億。

法則四

你可以把想要的事物吸引過來

你的心靈畫面若是你想要的事物及情境，你的創造意念便會把這些都吸引到生活裡。

顯化的核心概念就是明白憑你的內在能力，你可以把想要的事物吸引過來。或許你仍然認為，這個概念不是你做得到的。不過要是你弄懂了前面的三條法則，就會開始知道這種力量就在你之內。想想事物是在無形無體的靈界創造出來，然後似乎就出現在物質界了，這樣你可能就會比較有信心，覺得自己或許可以吸引來想要的事物。

《新約》最耐人尋味的其中一句話，是聖保羅談論這種創造的過程。他是這麼說的：「所看見的，並不是從顯然之物造出來的。」聖保羅是在告訴我們，創造的能量並沒有實體，也不受限制。有形的物質世界來自無形之物，儘管從全息影像的角度來說，我們知道只有一**個**世界。

我以聖保羅的話為基礎，寫了這一條法則，本書有好幾條法則也是這麼來的。我相信聖保羅的言論指出了能量如何讓我們具備吸引的能力，可以吸引想要的事物。聖保羅提供了一條在物質世界顯化願望的線索。

能量是我們可以取用的勢能

在一部關於愛因斯坦童年的影片中，愛因斯坦說他拿著一個指南針，一邊轉動方向一邊痴痴看著指針移動。他迷上了移動指針的無形力量，想要理解。那種力量在哪裡？是誰在控制？為什麼總是在運作？由什麼構成？有沒有那種力量無法運作的地方？好奇心旺盛的天才自然會有這些疑惑。

這種勢能具備許多特性，是我們的肉體感官不太可能感應到的。我們將這種勢能稱為能量。能量存在於宇宙萬物中，可用我們說的吸引力影響周遭的事物。我們可以輕易看出磁場的能量運作，但我們的感覺器官卻感應不到無形的能量。這種勢能就在那裡，散發著吸引力與排斥力，遍布在我們星球上的所有地方。

既然它無所不在，那我們體內也會有。我們的感官大概不可能為我們揭露能量的資訊，就像感官也不能釐清磁極是怎麼運作的。我們看得到它運作的結果，但它本身卻捉摸不定，而且運轉不息。

我們的地球一直在自轉的狀態，繞著軌道在太空裡高速飛馳，連同地球上的一切一起移動，只是我們的感官以為我們沒在動。你在地球上。讓地球移動的能量也在讓你移動。地球核心本質內的能量也在你之內。這能量帶有磁力與電力的特性，蘊含著吸引的勢能。

第四條顯化法則的要義是我們可以運用這種能量，因為我們本身就是這種能量。我們可以用這種天地間的能量，把想要的事物帶到我們身邊，因為那些事物所蘊含的能量也在我們之內，反之亦然。我們跟這種勢能搭上線以後，就可以取用。

將事物帶進物質世界的過程，就是我們說的創造。我們創造事物，用的是跟世界萬物受造時一樣的能量。只是有程度的差別。將事物從波的世界帶進粒子世界的那種力量，以及為你的想法或心靈畫面賦予形體的那種力量，兩者絕對沒有分別。我鼓勵你再次閱讀前一句，好好記住。

衍生出一切物質的靈界與物質界，兩者確實是組成了一個和諧的整體。兩者有別卻始終同在，就像波的波峰與波谷，兩者有別卻構成一個不能切割的整體。更宏觀來說，不妨把顯化想成是將蘊含各種可能性的波轉化為現實的粒子，如此而已。轉化的過程需要能量。能量是看不見的，卻永遠在萬物中，包括我們。

你的思想和觀想就是你顯化的源頭。這就是你要活化的能量，讓能量為你所用。在你全心全意相信的狀態下，你可以見識到你在內心描繪的畫面如何推動顯化的過程。在你內心深處，你知道自己可以用這種能量吸引到你渴望的事物。

你的心靈畫面和吸引力

你蘊含的力量讓你可以形成思緒或畫面。這種讓你在內心形成畫面的力量是一種具有吸引力的能量，涉及所有的創造過程。不僅如此，這能量跟吸引力的力量一模一樣。這力量就是生命的本質。

這力量是你看不見、摸不著、聽不到的，卻在你之內。使用這力量絕對不是要改變或干預自然的法則。你是在實踐自然法則。將你想要的事物牽引過來的神祕吸引力，便是以這種一視同仁的力量為基礎的。

以下的角度或許能助你一臂之力：想像你是神展現祂自己的一種形式。然後，把你建構內心畫面的能力，視為透過你而活化的神聖創造力量。看出來了沒？化身為你這個人的創造能量，正是你拿來顯化願望的同一種創造能量。幸福、愛、喜悅、滿足、平和都可以壯大這種力量。你越是充滿喜樂和愛心，聖靈越會在你身上展露，你會變得越來越像神。

所有的創造性能量都是被你的想法（或是你運用自身的力量去建構思想的方式）吸引來的。如果你的心靈畫面是你置身在想要的事物及情境中，而且畫面是發自你的喜悅和信心，那你的創造意念便會把這些事物和情境吸引到生活裡。這聽起來或許太過一廂情願，但相信我，這絕對不只是許願或盼望。

差別在於你意識到了即使是一個念頭的力量也是神性的力量，你認清了意念的神聖性，並在這個前提下建構一個願景或心靈畫面。最後，你心裡會很清楚那個讓宇宙萬物得以存在的神性勢能也創造了你這個人，用愛將這一份內在知識錨定在心裡。這能量會變成什麼形式，是由你的意願或心靈畫面來控制並引導的。

思考的時候不要被感官的感受綁架，這很重要。能量是創造性的生命勢能，有了能量，我們才能夠做我們用感官觀察到的事情。它是一種看不見的勢能，支撐著我們物質生活裡的物質。這能量給了我們建構思緒的力量，一切看似在外界的事物的能量也是如此。

你的心靈畫面是發動這種吸引力的要件，之後，等你可以實際操作這些畫面的時候，你也才可以真實的體驗到創造性的能量。

建構心靈畫面

當你為了顯化自己的願望而建構心靈的畫面，最重要的一件事是記住人類不曾創造任何事物。我們沒有創造的機能，而是吸引、結合、分配原本就存在的東西。

創造實際上是以全新的組合方式去運用現成的材料。

這裡說的不是去創造能量，而是將一種形式的能量轉化為另一種。我們的創造力是把思維的能量轉化為新的實體。顯化是結果。

要讓內心的畫面在可見、實質的世界顯化出來，有一個不可或缺的條件。靈界不受時空概念的管轄。所以，畫面只能是當下，不然就免談。一旦你覺知到這一點，就會明白畫面必須是你如願以償的樣子，彷彿你的願望已經在靈性的維度實現。

沒錯，你內心深處一定知道，在你看不見的生命層次上，你嚮往的事物都已經存在了。務必明白能量就在這裡，執行的細節則自有安排。既然結果已定，細節也自有安排，你清楚一定會成功，也就放下了。

倒不是說你可以游手好閒，而是你要放下擔憂、焦慮、恐懼。你要負責建構內心的畫面，建構時要明白結局已定。你承認了靈的力量，或者說是那不具人格的盛大力量。而你呢，也具備智性。你是在讓一個智性去跟另一個智性合作。那個智性是跟你共事，不是代替你做事。

你把嚮往的事物烙印到宇宙心識（universal mind）上，然後氣定神閒，了然於心的根據那個畫面行事，讓那個更大的智性跟你自身的智性一起透過你實現目標，當然，你的智性是那個更大智性的一部分。你放掉一切恐懼，回歸日常事務，安心自在，明白實現目標所需的條件很快就會看到，甚至已經存在了。你植入宇宙心識的種子將會發芽，留意任何顯示種子已發芽的跡象，允許小苗在你的生活裡成形，逐漸壯大、顯化。

我承認這不符合我們的制約。但要讓自己成為顯化高手，我們得剝除陳舊的信念，採納內在智慧，停止繼續顯化我們不想要的情況。

你越是充滿信心與熱忱的建構心靈畫面，越可能看到畫面顯化成真。你實際上是在詳細的觀想你打算顯化的事物。你放下對結果的企盼，也不去計較事情到底會怎麼實現。創造不是你的事，你只負責吸引已經創造出來的事物，允許靈的能量轉變成物質的能量。你鉅細靡遺的看見自己要些什麼，動用那存在於萬物——包括你——的絕對力量，信心滿滿的反覆肯定這個心靈畫面。

你建構的畫面可以是你身體健康、生意興旺、業績達標、人際關係修復、房子售出、金錢進帳或任何你想要的事物。關鍵是反覆觀想這些心靈畫面，讓畫面成為你肯定的真相，激起內心的共鳴，不再有任何懷疑。

我發現最適合這個深度觀想的時間，是清晨或夜晚休憩之前。我還發現可以配合特定的聲音跟肯定句，效果更好。詳見法則七、法則八的說明。

我敢說你現在心裡有一個重要的問題：「好吧，但要是我描繪的心靈畫面沒有顯化呢？」這答案值得你注意。

當顯化似乎失敗的時候

當事情的發展不如己意，小我會想要強勢的糾正事態。我們都知道春天時，跪在地上把剛剛竄出頭的菜苗拉高一點，是非常愚蠢的。蔬菜需要以自己的步調成長，在恰當的時機欣欣向榮。

要是你的心靈畫面沒有按照你的時程規劃成真，放輕鬆，要知道你要的結果已經在靈性的維度準備就緒。憑藉你觀想的力量，能量都在那裡了。只是那創造萬有的智慧不會分辨時間。你的畫面沒有出現在物質世界的另一個因素，則是你的畫面可能變來變去。你所操作的力量是非常敏感的，你得專注的保持畫面一致才行。

你也可能誤用力量，企圖向天地間的智性設下條件限制，或是規劃應急措施。天地間的智性是創造了萬有的智慧，是創始的法則，絕不需要哪個人或哪件事來讓它運作。它沒有過去，也不曉得什麼未來。它永久處於當下，最重要的是你要知道，它會自己創造媒介來做事。要是你對它呼來喝去，要求這個要求那個，堅持只能透過哪一個管道來做事，它不會聽你的。

要是你觀想的時候沒有秉持真心實意，意志不夠堅定，不足以克服任何相悖的想法，或是不相信自己跟神的神聖連結，你會發現根本不可能顯化。本書第二條法則就是在談信心和信任。覺得需要鞏固信念的人請回頭重看。務必信任吸引的力量，信任是絕對必要的。私下做這些事的效果是最好的。

隱密的價值

有意識的連結那個至高無上、創造了萬有的無限力量，是非常私人的事。**納沃**（nagual，美洲原住民用語，指靈性導師或巫士）跟神祕主義者在做這些事情、進行相關的教導時，都很講究要保密。不僅如此，他們認為要是跟人提起自己的能力和幸運的「巧合」，便違反了神聖的信任。

告訴別人自己為了顯化做了什麼事，會削弱我們的力量。一般而言，我們聊起這些活動的原因是小我在作怪。這一類管不住舌頭的作風，會嚴重耗損我們的吸引力量。

找人聊自己的問題是人性，以減輕問題對生活的影響。我們大吐苦水，想要抒發一下問題造成的壓力。因此，當我們談論起自己吸引各種事物的力量，我們會轉移注意力，去關心談話對象的反應。能量就流向他們的反應，隨之消散，我們跟人訴苦的時候也是這樣。在一個念頭展現在另一個人面前的那一刻，能量就變弱了。不要透露你獨一無二、在別人眼中可能很神祕的力量，保持隱密，以吸引你想要的事物。

你的乙太能量體（etheric energy body）只屬於你一個人。你可以學習向外投射你的能量，給外界帶來你以前可能沒想過的影響。但要汲取這種超乎尋常的能量，投入共同創造的過程，這能量便必須專屬於你。隨便你跟哪一位現在活著的人討論這能量，在那一刻，能量就衰減了。你的能量會轉為他用，聚焦在給別人留下良好的觀感。

這是層次較高的無限能量，它需要自己製作顯化的媒介，藉由媒介隱蔽自己的顯化行動。這至高無上、知曉一切的智慧是一種生命的勢能，等你熟悉它的特性以後，就會認得出來。

生命勢能的特性

我們很難理解一個我們明明知道存在卻不能看、不能摸、不能聽、不能聞的勢能。這就類似電力。你給電器插上插頭，不能從視覺、觸覺、嗅覺、聽覺得知電力的運作，可是你一按下開關，吹風機就有了反應。

生命勢能在本質上是一種電力，不論它看似局限在什麼地方。在我們自己的身體裡，稱為**氣**或**普拉那**的生命勢能，是沿著神經發送的小小電流，從一個細胞流到另一個細胞。古代的夏威夷有一種稱為卡胡那（kahuna）的療癒師，他們相信意念體（thought form）會隨著這種電流來來去去。他們相信意念有朦朧、微小、幾乎看不見的形體。這樣的知曉讓卡胡那可以進行驚人的療癒工作。他們可以用人體的電流傳送療癒的意念，讓患部恢復健康。

身上有病痛的時候，我會觀想我的意念跟那些部位之間有電流在流動。我透過自己的意念和電流的觀想，傳送意念中的訊息，讓疼痛處不要繼續疼痛，或是療癒傷口。成效卓著。我朦朧的意念體成了我能夠以無形的人體電流傳送的東西，而因為我知道會有效，所以就真的有效。

這樣的觀點，也很適合套用到那個創造了萬有的神性勢能之上。神性勢能是看不見的，具有電力的特質，總是在流動，只要把插頭插到神性勢能的源頭，神性勢能就一定會被吸引過去。這種生命勢能的能量的第二個特性，就是它總是在擴展，無限量供應。

宇宙的本質是豐盛，超越我們對開始、結束、邊界的概念。當我們以為已經歸納出宇宙的屬性，認定可以套用到時空的框架下，宇宙卻在我們渾然不覺的時候擴張了，簡直就像一定要離得遠一點，脫離我們觀察得到的範圍。這種勢能總是在移動，永遠在擴張而不受限。

你是那種勢能的其中一種面貌，所以你也在流動，永遠在擴張而不受限。要是你用高倍率的顯微鏡研究自身，你會看到自己是空盪盪的空間，空間裡有不具實體的粒子在不斷移動，想測量一下都不行，因為這超出了你的能力範圍。要是拿望遠鏡向外看，你會看到相同的現象。也就是說，你內在的宇宙與你外在的宇宙，運作模式是一樣的。

你的本質就是可以吸引、擴展、不受限制。這勢能在你之內，這勢能在你之外。這勢能**就是**你。當你認識這勢能的特性，認同自己是它神聖的自我表達形式之一，當你進入自己的內在，親近那個讓你可以描繪出願望的力量，然後帶著私密、有愛、愉快的知曉去取用那個力量，你便踏上了正途，可以去運用這生命的勢能，做到你以前用受制約的眼光看待自己時做不到的事。

以下是幾個將這些觀念融入日常生活中的建議，讓你開始駕馭第四條靈性顯化的法則。

幾個應用這條法則的點子

● 早上一起床，先獨處片刻，問自己：「生活裡那些我想改變的情況，當初是怎麼發生的？」「我要怎麼做，才可以在覺知中連結到我那個無限、無形的能量源頭？」

這兩個問題多想幾遍，答案就會開始自動浮現。提醒自己，是靈將生命和動能賜予萬物，包括你。是靈讓你得以存在。所以，你實際上是在請求與生命之靈並肩同行。

你很快就會察覺，生活裡那些狀況是你自己顯化的，儘管那是無心插柳的結果。在你思維及心靈畫面中的匱乏、不足、自我耽溺、權威、病痛、愧疚、擔憂等等，都被天地間的靈接收到了，然後顯化在你的生活中。你對第一個問題的答案，會牽引你提出第二個問題。

實踐這第四條法則的時候，給你的心靈畫面一個截然不同的新氣象，你可以快一點在覺知中連結到能量的源頭。

- 探索你為什麼相信人活著就是會處處受限，說不定原因是你在處處限制自己的人生。

在自然界，你看得到一再衍生的生命、愛、美。而你，也是自然界的一部分。你有沒有把自然界一再衍生的創造過程引進你的內在，以此看待人生？還是你從工程的角度看人生，覺得生命是機械化的因果關係？

或許你可以調整一下認知，將因果視為一**條**律法，而不是**唯一**律法。創始心識（originating mind）的律法是沒有世俗的界線，無法計量。你源自這一條律法，你的想像力就是這一條律法的完美例證。沒有規則，沒有界線，不拘泥於形式。無限！

你想像力的泉源就是這個神聖的源頭。它就在這裡，此時此刻你就觸及了這永遠在活動、永遠活躍的光明源頭。安然待在內心，你會知道什麼是在覺知中連結那個創造萬物的神聖智性。

- 不管你可以建構什麼樣的心靈畫面，你都能因而知道創造的能量正在流經你。你的畫面也在引導能量的流動，供應材料，讓畫面最後以物質的形態出現。

  這不是在利用畫面強求什麼。刻苦的努力會阻礙顯化，因為刻苦的概念本身就預設了現實中有某種需要克服的阻力。放掉強求的意念，不要索求。別那樣，改成想像那個讓你出現在這個有形世界的創造性知曉（creative knowing）。創造之源的能量是慈愛、流動、溫柔、平和的。意圖改變這能量的要求或刻苦的努力，都會抑制它的流動。

- 建構心靈畫面的時候，務必加上始與終、最先與最後的概念，這很重要。當你採取這種有始有終的思維，就證明你認為首先要有想法，這是開端，而開端創造出形體，這是結果。

  意念會在時空之中找到能夠賦予它形體的東西。以形體來呈現意念的過程是漸進式的發展，有起點也有終點。

● 絕對不要限制靈。只要你遇到阻力，不管是哪一種，都要知道那表示你的想法和畫面有錯誤，而不是證明創造性勢能的運作出了問題。你不能自己開創那個創始性的勢能，你只能調度它。

只要持續讓靈知道你要些什麼，不要規定它怎麼做事。之後就不要介入，保持信心與信任。你不必交代具體的細節，只要等著看你想要的事物，以千變萬化的形式出現。留意線索！

● 你的心靈畫面只要自己知道就好。你想要吸引些什麼，是你跟神的私事。跟別人討論的話，能量會流向小我和別人的意見，遭到耗損。

在人前，你要保持神祕，守口如瓶，同時在心裡相信自己能夠在覺知中連結生命源頭的能量。不要說服別人你的立場是對的，放掉那種心理需求。不要被別人的美言影響，專注在你的吸引能力上，把你以前覺得生活裡缺少的事物吸引過來。

● 仔細回顧你以前認為自己的生命有哪些匱乏與不足。然後對自己說：「我用自己的想法、制約、信念、行動，創造出這一切情況。」只有體認到你一直在用無形的能量形式，將那些情況吸引到生命中，你才能夠拿同樣的能量，去做更有效益的事。

別為了你以前的行為而愧疚。創造萬物的勢能沒有過去可言。一直只有當下。現在你意識到了，你以前一直用自己認知中的吸引辦法，顯化出從前的一切。現在你要調整認知，以新的方式生活。你一向精確無誤的吸引到自己需要的事物，在你人生的每一天都是如此，而對宇宙來說，每一天都是當下。在這個永恆的當下，你更新了能量的模式，以契合這第四條顯化法則。

沒有任何事物在你自身之外。一切都已經在你能清楚覺知到的心識中，而且必須透過你的新想法顯化，當你明白這一點，就能吸引到任何事物。負起自己的責任，保持信任，幾乎立刻就會看到你的吸引力發揮作用。

● 思想活動是創造的行動，無所謂好或壞。但你念念不忘的想法，會決定你擁有什麼或不會擁有什麼。你想什麼，就會變成什麼樣子。

留意你的想法或心靈畫面，免得顯化出你不樂見的情況。如果你的制約導致你思想悲觀，滿腦子都是不可能，認為以前的不幸害你現在的生活不快樂、不豐盛，你要下決心鏟除這些想法。如果你埋怨別人，提醒自己，你的怨言暴露出你的內在思維。

連結那個當初讓你擁有思考能力的力量，向它求助、請它指引你改變心靈畫面的新方法。一旦你察覺怨念或怨言又冒出來了，就開始描繪新的心靈畫面。當你明白那個讓你可以把心儀的事物吸引過來的力量，跟你是相連的，你要建構新的畫面就很簡單了。

由於小我的制約，我們很難理解自己是神在這個物質世界的具體顯示形式之一，但你確實是。

開始在言行舉止間，表現得彷彿你想要吸引的事物已經出現在生活中。想要締造療癒，就建構那個畫面，將療癒的能量發射出去連結那個創造萬物的能量，愉快的信任自己了然於心的事，別跟任何人透露，開始在言行間展現健康的新氣象。

宇宙會給你細微的提示，以便你展開新的行動。按照你內心的畫面去行動，可以加快實現的速度。

如果你要顯化更多的豐盛，就從抱持豐盛的思想啟動顯化的過程，言行也要符合豐盛的精神。感恩已經顯化在你生命中的一切。研究你可以怎樣去感恩、去承擔一些風險，明白你想吸引的事物已經是你在分享的能量。給自己買特別的東西，捐點什麼給不幸的人，即使你的小我猶豫不決！

- 惠特曼（Walt Whitman）的《草葉集》（*Leaves of Grass*）是我心愛的詩集。我建議你每天翻閱，這是我時常做的事。以下摘錄的片段，談到了我們與神聖能量是一體的。

橫跨無形無狀的廣袤空間。
如果不能投入那些在我自身之外
更高明的各個宇宙
我該如何思考、如何呼吸一口氣、
如何言語？

一想到神、自然及自然的奇蹟、時間與空間與死亡，
驟然間我便束手無策，
但我轉而呼喚你，靈魂啊，你其實是我，
你與時間匹配，滿足的向死亡綻出笑顏，
並充盈、脹大，填滿這廣袤的空間。

對我來說，這一段摘錄的關鍵詞是「你其實是我」。而你也是，你跟惠特曼或這個宇宙裡的其他人都沒有不同。

*

第四條靈性顯化法則就到這裡結束。總括來說，這條法則告訴我們，一切創造性與回應性的特質裡面，都有一種智性與一種力量。這種智性會聽從我們的意見。

你是自然界的一部分，也是這種比任何一個人都更大的智性的一部分。每一個人也是這智性的自我表達形式之一。這種無限的力量存在於一切事物與空間中，它原本是在看不見的世界裡，以靈性能量或者說無形能量的形式存在，而後顯化到這個有形體、有界線的世界。

當我們明白這一點且沒有一絲一毫的懷疑，拿來應用在生活裡，便會看到我們想要實現的心靈畫面，變成了我們外在的現實。第五條法則是說明由衷認為自己完全值得收到這些饋贈的重要性。

法則五

當仁不讓接受
因為你值得

當你表裡如一感到當之無愧，
並將這樣的狀態散播到世界上，
世界將給你相同的回饋。

要成為顯化高手，實際參與共創人生的過程，將你由衷嚮往的事物吸引到身邊，你一定要明白你可以當仁不讓的擁有那些東西。所以你得檢視你的人生態度，包括你知道的跟沒意識到的。你的思想是為你的物質世界奠定基礎的建築師，是你要調查的對象。

顯化是用你內在世界的力量，去跟你的人生建立圓滿的關係，將你想要的事物吸引過來。你可以一天到晚提醒自己，將事物帶進這個物質世界的那個力量也帶來了你，但要是你覺得自己不配，你會打斷自然流進你生命的能量，造成堵塞，以致不可能顯化。

法則五要提醒你，你值得豐盛。要是你的心靈畫面是你不配，不管你有什麼苦衷，那就是你一切思想的根基，而你傳送到宇宙心識的想法將會顯化。法則四介紹的那一種能量會跟你散發的意念搭上線。「一個人怎樣思量，為人就是怎樣」不是空話，一語道破了宇宙運行之道的根本真相。

以為豐盛跟靈性不相容是一種迷思，誤導了很多人，是妨礙我們覺得自己值得的最大障礙。

自私嗎？

我們不但有豐盛跟靈性不相容的迷思，還給這迷思加油添醋，認為觀想物質豐盛、想要物質事物的想法很自私、很不像樣。我們這就來檢視這樣的心態，確認一下你有沒有受到影響，信以為真。

看看你周遭的世界，留意我們這個宇宙的豐盛與無限。宇宙無邊無際，遼闊到超乎我們的想像。這樣的豐盛來自那個構成我們核心本質的能量。那能量就是你。你就是那能量。千萬別搞錯了。

靈以物質的形態呈現自己，如此一來，我們棲身在形體之中的時候就看得到它。靈化身為樹木、海洋、魚、鳥、礦物、植被、花卉還有你。你身邊看得到的一切，全都是靈的物質形體。物質不是幻象，不是不該存在的東西，而是靈將自己分散到這個世界的必要管道。

覺得欲望跟顯化很自私、不靈性的想法，是將靈性的世界跟物質的世界切割為對立的兩極。抱持靈性不能跟物質相容的態度，我們便否定了在物質裡的靈正是讓物質得以存在的那一股能量，也否定了我們身為靈性生物的身分。

想要某些事物進入你的生活並不可恥，沒那種道理。反而是認定一切出現在你生命中的事物都是你應得的，願意以共同創造者的身分加入創造之舞，這樣還好得多。當我們調整立場，看到物質與靈性合併為一個和諧的整體，我們便洗刷了自私的汙名。就像我們每個人都是靈性與物質二合一的和諧整體，整個宇宙也是。

生命取得形體的過程成謎。這謎團是由一種創造性的能量掌管的，當我們由衷感受到自己配得上物質形式的福佑，樂於接受，我們便會曉得那個能量。豐盛就是創造性的能量在宇宙裡的作風。你有資格得到豐盛的生活，將興旺帶給你在世界上遇到的所有人。縮小自己的格局，做個無足輕重的人，只會顯化出格局小得可憐、無足輕重的人生，別無其他。

檢視你想要改變些什麼，能幫助你建立自己值得豐盛的態度，讓這份了然於心的態度深入全身每個細胞的層次。

「因爲我值得」的核心要件

要將法則五變成你的安身立命之道，你需要精通的一切都可在心靈活動中達成。你不必奔走天涯，奪得「因為我值得」的資格。你只需要調整一下心態，建立基本的自我價值感，願意接受神給你的一切祝福，不論那是物質的或非物質的祝福。

我們都承受了百般的調教，存心要讓我們覺得自己不配得到生命的一切美好。從我們呱呱墜地開始，小我就拋出一大堆障礙物來擋我們的路，大多數人就這麼認了。安貧樂道、清心寡欲的心態當然沒有錯。如果那是你該走的路，你一定會了然於心，你會知道神就在一切物質與非物質的事物中。你不能根據自己在人生裡擁有哪些神的造物、哪些又是你不要的造物，就把靈區分為好的或壞的。

覺得自己擔當得起一切福佑或欲望，是我們內在生命的一個特徵。要給物質主義的自私洗刷汙名，你可能需要調整內心的認知。明白自己值得神的一切福佑、受之無愧的人會抱持以下的重要觀念。

一、我的自尊是我給自己的

讓這個人描述自己內心的觀點，大概會類似這樣：「我是神的孩子，天生就有價值。我沒有分裂成靈跟肉兩半，而是那個稱為神的全知造物的一部分。我以人類的身分，毫無保留、不受局限的將神展現出來。」

孩童往往可以展露他們的才華，一個原因是他們還沒被洗腦，以為自己能力有限。要是他們抵擋得住洗腦的摧殘，便可以保住才華，在人間的生活裡展現自己的不可限量。

我們覺得自己沒價值，往往是別人的小我言論給我們的印象。自尊低落的人勸誡我們，存心要影響我們、壓制我們，我們就把話聽進去了。然後，我們在外界確認了自己不具價值，從此我們看待自己的眼光，就跟我們在乎的人讓我們誤信的說法一樣。大部分的小朋友無力抵擋這種洗腦。但我們是大人了，可以重新思考，擺脫這荒唐的洗腦。

你心裡一定要明白，你是照亮每個人的那種光的一部分。你的存在證明了神的存在，在你揮灑自己的個人風采時，神就在你裡面。所以，你一定要能夠深信不移的說：「神就是我，我就是神。」這個真相會讓你解脫，放掉自己不配的感覺，將你想要的事物吸引過來。

將你想要顯化的欲望，看作是靈給你的欲望，這些欲望都安置在愛與服務之中，正是神要給你的東西，而你的欲望就是收下這些恩賜的捷徑。別再認為有欲望是很自私的事，提醒自己，要是你一直無欲無求，你現在大概還在過著嬰兒的生活，在沙地上玩玩具呢。

每一次你覺得自己不配顯化，提醒自己沒有人是沒價值的，流經你這個人的神聖能量也流經神的所有孩子，人人都有價值。這包括你。

欲望是工具，你正是透過這個工具去成長、去體驗宇宙的完美。欲望帶著你突破，打碎你可能有的自我設限，進入更高層次的靈性覺知。即使是想要開悟、想要得道的欲望，也是你一定要實現的欲望。

二、我接受自己，沒有怨尤

這樣看待自己的人，想法大致是：「我願意面對自己的一切，不藐視自己，不否定我身為神的一部分的根本價值。」

自我接納是我們必須發自內心，無條件做到的事。接受自己不見得是認可你的每一個行為，而是不要耽溺在自我厭惡的自毀行為中。

如果你處於自暴自棄的狀態，就不會覺得自己配得上宇宙的慷慨。你的內在能量會聚焦在自己哪裡不好，耗費在跟自己抱怨以及向任何願意聽的人發牢騷。

你出現在這裡，棲息在一具專用的肉身裡，有自己的身體特徵，有自己的身材尺寸，有自己的父母和兄弟姊妹。這是你在這個物質界的現實，而你需要相當程度的心甘情願，才能看著自己的外貌並說出：「我接受自己這個樣子，沒有怨尤。」

要是你不願意做這樣的宣告，你的內在能量會被憤怒、罪惡感、恐懼、痛苦消磨掉，這些都會破壞你顯化願望的可能性。記住，將事物吸引到自己身邊的能力，建立在以下的想法上：「我該有的……都準備好了。」你想要的事物已經在這裡了，只是你得先敞開心胸，允許它們流進來，它們才會出現在你身邊。抱持自暴自棄的想法，便不可能將那個洞悉一切、慈愛、準備為你效勞的能量，送進天地間。

自我接納不過是調整一下意識。只要改變心態就行了。如果你頭髮掉得很凶，你要麼護髮，要麼擔憂，要麼接受現實。接受就表示你其實不必做任何事。你尊重自己的身體與神聖智性的運作。當別人說你頭髮掉成那樣，絕對有問題，你甚至會覺得對方的言論與你無關。接受會撕掉「問題」的標籤。

這不是虛假的態度。只是你在自我評估的時候踢開了小我，而小我專門尋求別人的認同。當你接受自己，便可以真心實意的說：「我就是我，我接受自己這個樣子。」一旦這樣的態度牢不可破，建立在誠實無欺的自我立場上，你樂於接受宇宙饋贈的自我價值感，便會跟那個神聖的力量搭上線。

自暴自棄讓你連結不到自己的神性。只有你可以調整自己的心態。覺得自己具備在當下這一刻作出改變的力量，不過是一個內在的認知。

三、不管我的人生是怎樣、不是怎樣，全都是我的責任

小我會怪罪別人害我們的生活有所欠缺，這是我們要革除的強烈傾向。承擔全部的責任，代表你意識到自己與生俱來的力量。

與其說：「我會有今天，都是他們害的。」將你內心的想法改成：「是我自己要消極被動、害怕別人的。」把這套用到你的人格特質和人生境遇的每個面向上。

願意為自己負起全責的立場，讓你可以當仁不讓、吸引你想要的事物。要是你認為自己的短處是別人的責任，怪他們造成這些困擾，你等於在說你得先取得他們的許可，才可以去顯化內心的願望。推卸責任的行為，會毀掉你給自己力量、提升覺知層次的能力。

當你明白你在生活裡每個情況的反應都是自己選擇的，而且你的內心基本上隨時都只有你一人，你便可以非常私密的將你想帶給自己的事物，投射到天地間。但怪罪別人導致你的人生境況，力量便會改向，流向那些你認為必須為你的慘況負責的人。

我在內心跟宇宙進行私密的對話，討論了出現在我生活裡的情況。我抱持的立場是絕對沒有所謂的意外，生活裡的每一件事都夾帶了一份功課，招徠那些事的人是我。不管這看起來有多麼荒唐、多麼沒道理，但我會捫心自問：「為什麼我在這一刻引發這件事？」

因此，要是我出現負面的思維，同時一頭撞上櫥櫃的門，我會說：「我撞上櫃子門的時候在想什麼？」我會負起全部責任，修正負面的念頭，並明白我撞到頭，是在提醒自己要糾正那一類的想法。我寫作的時候也是。要是我在提筆之前覺得想要檢查信箱，我會順從這個內在訊號，往往便會在郵件裡看到可以為我解惑的文章。我承擔起自己的責任，去明白我需要的東西就在那裡，而直覺在我的心裡指引我。

這個小遊戲是有作用的，它讓我為自己的生活負起全部責任，斬斷想要怨天怨地怨別人的傾向。我信任自己內在的學問。我仰賴看似巧合的事件，明白一切都是我自己招徠的。當我的責任感越來越強，便再也無法將任何事情怪罪到別人頭上，從最沒有道理的事情，比如撞傷或割傷自己，或別人沒有準時赴約，到人生的重大挫折、我與妻子及其他家人的關係，我一律負起全責。

我信任內在的那個神聖智慧，它透過我展現它自己，讓這些事情得以發生。我拒絕質疑那個智慧，不認為出事是倒楣，也不認為好事臨門是走運。我將一切視為自己在宇宙裡應盡的本分，無怨無尤。

有了願意負起責任而不埋怨的態度，你會進入一切神聖能量的自然流動中，因而不會陷入跟世界對抗的處境，能夠順其自然。你埋怨的每一件事都會讓你必須象徵性的武裝起來，去跟那些事情拚命。每一件你對抗的事都會削弱你，你認同的事則會給你力量。

我要請你**認同**自己。有了自我負責的態度，你會注意到老天是非常合作的。要讓老天配合你，你得脫離埋怨的心態，澈底對自己負責。

四、我不允許罪惡感進入我的生活

這種心態帶來的想法類似這樣：「當下的時刻是寶貴的生命貨幣，我才不要為了以前的事內疚到什麼都做不了，把我的生命貨幣用完。」

對於這句話，你得認清以下兩者的差異：一、真心懺悔，記取舊事的教訓；二、維持自責或內疚的狀態一直到今天。從錯誤中學習，採取修正的行動，在靈性上與心理上都是明智之舉。你做了一件事，事後覺得不好受，於是決定下不為例。這不是罪惡感。罪惡感是你一直被那件事情癱瘓，抑鬱沮喪，那樣的心情讓你不能好好的活在當下。

當你滿是愧疚，痛苦與自責會猛烈的消耗你的能量。你實在太厭惡自己，覺得自己不配收到宇宙或宇宙裡任何人的好意。綿綿不絕的罪惡感會讓你顯化不了任何好事，因為你投射什麼到宇宙，吸引到身邊的就是什麼。於是你得到更多痛苦，有了更多鬱悶的理由，也有了更多你不配擁有心儀事物的證據。

當你把自己以前做的事，視為你要記取教訓的功課，然後放下往事，那麼不論你覺得自己以前有多惡劣，你都清除了自己對往事的負面情緒。原諒自己意味著你能夠愛自己，即使你覺得自己的缺點實在很礙眼。

一旦你學會了這寶貴的一課，你也會尋求神的原諒。但要是你內心仍然很痛苦，你會覺得不配得到神的寬容，依舊無法接受自己身為神的孩子的神聖權利。

不管你對自己有哪些實在無法喜愛的地方，包括你的行為與外貌，如果你想要成功顯化，你都必須能夠愛自己，即使你覺得自己有缺陷。舉個例子，要是你的體重長期超標，或是有不良的癖好，你內心的愧疚之語大概會像這樣：「等我的體重總算恢復正常，我真的會愛自己。」或像這樣：「等我有朝一日澈底戒掉這個惡癖，我絕對會珍惜自己，成為一個有價值的人。」

這些愧疚的話都會強化你不配的心態，破壞顯化的過程。這一類的內在言語要改成：「體重超標的時候我照樣喜愛自己。我以前的體重不是這樣的，不管我的身體是什麼樣子，我都不會貶低自己。我是愛的化身，我擴展這一份愛去愛全部的我。」讓你有罪惡感的不良癖好或任何事也要比照辦理，進行相同的內在程式設定。

《奇蹟課程》（*A Course in Miracles*）全書四十八萬三千三百六十四字。「提防」（beware）這個詞只出現一次：「提防認為別人待我不公的誘惑。」這句話是告誡我們要放下罪疚，對自己的人生負責。當我們鏟除沉溺在自責的傾向，我們認為在當下受苦是贖罪、內疚是為自己的罪孽付出代價的想法也會一併消失。那不是生命之道。折磨自己只會讓你維持恐懼的狀態，動彈不得。那可解決不了你的人生問題。

解決的方法是存在的，就是愛自己，信任神，明白你的「缺陷」不過是神給你的功課，以引導你提升到新的靈性層次。別繼續把制約的概念當真，不要再以為愧疚是好的而你活該內疚，也不要相信內疚可以償還你的罪孽，如此你會更加相信，一切你想在生活裡顯化的事物你都受之無愧，因為你值得。

五、我明白讓思想、感受、行為三者協調一致很重要

思想、感受、行為這三者要是有哪一個失去協調，視程度而定，可能會打亂你提升覺知力的過程，不利於你提升顯化願望的能力。

我們以五個要點的篇幅，說明如何在生活中覺得自己配得上神的慷慨贈予而願意接受，這是最後一點，也是最重要的一點，因為我們明確的規範了要做到什麼程度，才算對自己誠實。一邊想著你要如何待人處世，將這些想法當作你的人生觀，一邊因為達不到自己內心的標準而慚愧、恐懼、焦躁等等，終至耽溺於自我操控、自我打擊的行為模式。

想要表裡如一，務必要老實的面對自己的想法。一定要詳細檢驗

你的想法，坦率的宣告你選擇在心裡看清楚什麼。即使你想看清楚的是別人眼中的個人缺點，如果你對自己誠實，你會發現自己的情緒反應與你的內在世界是一致的。

你的內心會平靜而滿足，從你的行為就看得出來。你的生活大小事也是。你對健康、人際關係、成功、神、工作、消遣、任何事的想法，如果是以愛為基礎，而你心裡很清楚自己出現在這個世界上，是為了用愛、善良、寬容來對待自己、對待你的工作和同事、對待你收到的金錢、對待你的靈性信念，你便會是表裡如一的人，樂於接受你待人接物的模式所招徠的福分。

但如果你認同這些想法，平時卻沒有身體力行，你會覺得自己表裡不一，於是，覺得自己不配讓願望實現。

要是你一直表裡不一，難以自拔的行為模式便會在生活裡繼續下去。要是你表裡不一，你不健康的飲食習慣會持續下去。要是你表裡不一，認為自己很匱乏的認知會持續下去。這些話雖然很嚴厲，卻反映出你必須了解的意識狀態，一定要弄懂了，才能把認為自己不配的心態，翻轉成你受之無愧。

你不見得要有特定的靈修方式或信仰。但你一定要由衷感到自己表裡如一，才有辦法建立那種覺得自己受之無愧的狀態，這是進入顯化過程的先決條件。要是在你內心深處的角落，在除了神以外、誰都不能觸及的個人意識中，你在承受痛苦，你會出現扯自己後腿的行為，而這就證明了你的內在並不和諧。

誠實面對你的信念，貫徹表裡如一的原則，不去管別人會怎麼想或說什麼，提升內在的安然自在，從中得到強烈的自我價值感。我要鼓吹你詳細檢查自己在生活各方面的想法，找出思想與行為不一致的地方。然後每天下工夫提高你內在的和諧，做到符合你個人的標準為止，而且別讓人知道。

你會發現你厭惡的行為開始消失，感到越來越平衡，安然自在。你的最高自性最想要的也就是安然自在。安然自在讓你覺得自己配得上神慷慨放送的福佑，當你將這樣的狀態散播到世界上，世界必將給你相同的回饋。

這五種態度給了你打造內在價值感的工具，全都反映出安然活在當下的能力，揚棄許多以前留下的負面態度，脫離一直以來充滿無力感、覺得不配在生活中顯化更多福佑與幸福的狀態。往往，負面的感受持久不退，是因為你陷入以前心靈受創的故事中，不可自拔。要鞏固自我價值感，一定要跟陳舊的心靈創傷一刀兩斷。

不再被以前的心靈創傷束縛

耽溺於心靈創傷、不願意向前走的傾向，讓我們覺得自己沒有價值，長期困在那種狀態中。在人生的路途上經歷過重大創傷的人，例如性侵、摯愛亡故、重病、意外、家庭破裂、毒癮等等，可能會被痛苦的往事束縛，跟人說了又說，一心想要得到別人的關懷或憐憫。人生的創傷似乎給了我們極大的權柄，凌駕在別人之上。

我們越是跟別人傾訴自己的創傷與痛苦，越是會給自己養出一身的可憐氣質。我們的創造之靈便跟創傷的記憶緊密相連，不能投入轉化和顯化的工作。最後，我們就覺得自己不配收到一切想要的事物。

往往，我們訴說這些悲慘往事的時候，一開始會講得很急切，讓對方明白那創傷有多麼可怕，至今仍是。一會兒後，小我便挾著這股能量去操控個人或群體，暢談自己如何為了撫平創傷而嘗遍了艱辛。這會阻礙一個人的靈性成長，並強化當事人的不幸形象。

情願被人生的舊傷束縛的傾向，會讓我們一再記起自己不配得到真心想要的事物，因為我們一直處於受苦的狀態。一個人越是經常回憶慘痛的往事，一說再說，越不可能吸引到想要的事物。

有一句闡明了這一點的話，或許也是最振聾發聵的一句，不妨記下來：「你的生平經歷會成為你的生理經歷。」我還要補上一句：「你的生理經歷會成為你靈性不滿足的經歷。」抓著早年的創傷不肯放手，真的會影響身體的細胞。當我們檢查一個人的生理狀態，便會發現這個人的生平經歷反映在外表上。痛苦、自憐、恐懼、怨恨等等的想法，統統都會耗損身體和靈。久而久之，身體便無法療癒，主要就是那些思想造成的。

我們放不下早年的痛苦，是因為我們抱持一個虛幻的觀點：「童年本來就應該完美無瑕、沒有痛苦，只要有哪一件事情不是這樣，我都要拿來物盡其用一輩子。訴說我的故事，將會讓我大權在握。」抱持這種觀點，其實是在准許你受傷的內在小孩控制你一輩子。不僅如此，這還會製造出強烈的錯覺，讓你以為自己握有強大的力量。

要是誰沒有站在你這邊，或惹你生氣，甚至是反對你，在那一刻，你的創傷會竄出來，你會指控別人冷漠無情，沒有善待你。但這種力量感是虛假的，會持續強化你不配從往事解脫的想法。然後，不配的感覺會阻礙你將宇宙化身出來的愛、善意、豐盛吸引到身邊。

倒不是說你不應該處理創傷，療癒傷痛。而是說你一定要小心，不要拿以前的創傷經歷，來解釋你今天為什麼是這個樣子。人生的苦痛就像是供你渡河的木筏。木筏到了對岸以後，你得記得下來。

觀察你受傷時的身體變化。傷口其實很快就會合攏。想像一下，要是傷口一直都不合攏的話會怎樣。那樣傷口就會感染，最後整個人都沒命了。合攏傷口、讓它痊癒的過程，也能套用到你內在的思維世界。

所以，別讓傷痛主導你的生活。處理傷痛，在你抒發悲傷或恢復的期間，請你的親朋好友體恤你。然後，請他們留意，要是注意到你一直停在抒發悲傷或恢復的狀態，形成固定的模式，就要發發好心提醒你。或許在你抒發了四、五遍後，你的親朋好友會說：「你的遭遇的確很慘，我實在很同情你，也了解你需要跟人談談。我很在乎你，我會聽你傾訴也會幫你，需要的話就說一聲。」這樣聊了幾次之後，請朋友溫和的提醒你，不要為了從別人的憐憫抓取力量，就一遍又一遍的提起往事。

要是你走了回頭路，又繼續釋放痛苦，包括常常在自我介紹的時候提起傷痛的往事、給自己貼標籤（亂倫倖存者、酒鬼、孤兒、被拋棄的人），你就不是想要振作。你這麼做是因為內在的苦澀滋味。在你重提往事的時候，苦澀會化為憎恨、憤怒的情緒冒出來，你其實是在用往事灌溉出來的豐沛情緒，餵養維繫你生命的細胞組織。

那些情緒會持續汙染身體，阻礙療癒。靈也會遭殃。濃重的苦澀不會讓你覺得自己有價值。你會一點一滴的累積出汙穢、倒楣、沒價值、惡意的形象，你會把這個形象發送到宇宙，宇宙便會阻斷一切能讓你將愛與福佑吸引到生活裡的感受。

擺脫傷痛束縛的方法是寬容。在你能夠為自己的生理與靈性所做的事情裡，寬容是最強而有力的一項，也是最不吸引我們的事情之一，主要是因為小我的規矩非黑即白。不知何故，我們覺得要是寬容了，就等於在說那些傷痛都無所謂、我們接受別人的惡行。但寬容不是那個意思。

寬容是指你用愛填滿自己，再將那份愛散播出去，拒絕抓取當初傷害了你的那些行為所引發的毒素或憎恨。寬容是你為自己做的愛的靈性行動，而寬容給每一個人的訊息，包括你，就是你是愛的化身，而你會將愛發揚光大。

這就是脫離創痛的過程，你不再抓著創痛不放，彷彿那是稀世珍寶。你放下責怪與自憐的言語，不再讓往日的創傷主導生活。你默默的原諒對方，不尋求別人的理解。你放下以眼還眼的態度，睚眥必報只會帶來更多的痛苦、更多要報的仇，你轉而擁抱愛與寬容的態度。世界上所有宗教的靈性著作都推崇寬容之道。

覺得自己有價值，才可能具備將想要的事物吸引到身邊的能力。這只是常識。要是你覺得自己配不上某件事物，萬物之中的神聖能量又何必將那件事物送到你手中？所以你一定要調整想法，明白你跟神聖能量完全是同一回事，只是你在小我的默許下，沒有去認識神聖能量在你生命中的威力。

以下列出幾種重要的態度和行為，你可以整合到自己的意識中，來培養你的自我價值感。

建立個人價值感、從神聖源頭接收並吸引事物的行動方案

以下的建議是一份循序漸進的計畫書，能幫助你提高接收的能力，在生活中接受顯化的力量。好好實踐的話，你對自己的價值絕不會再存疑，能夠接受那個神聖且包容萬物的靈的善意。

- 「靈感」（inspiration）的字面意思是「被靈注滿」。置身在靈之中

吧，如果你願意的話。

- 練習每天做你喜愛的事、喜愛你在做的事。要做事的時候，為了你好，不要埋怨，樂在其中。你這時的主題曲是：「我愛我在做的事，我做我愛的事。」這讓你「置身在靈之中」，實際帶給你熱忱，因為你擔當得起神的恩典而你也收下了。熱忱（enthusiasm）這個字的希臘字根是*entheos*，字面意思是「被神充滿」。
- 用盡一切辦法，從平日的用語和內在對話，移除悲觀、消極、批判、怨懟、說三道四、憤世嫉俗、憎恨、吹毛求疵的內在習慣。改成樂觀、愛、接納、仁慈、平靜的處世之道。
- 不管你怎樣心癢難耐，恨不得恢復憤世嫉俗的習慣，提醒自己，那會成為你散播到世界的能量，這能量會送出阻斷的訊息，堵住原本要把你嚮往的事物送過來的能量。要是你充滿了消極的想法，你便失去了平衡，心懷怨憎表示你覺得自己不配，你還沒準備好接受你想要的慈愛能量。

- 每天都給自己一段安靜的時間，清除自己不配的感覺。在這段時間禱告、冥想或只是沉浸在靜默中，這會滋養你的靈魂，最終消除你的所有懷疑，不再認為自己不配收下宇宙的豐盛。
- 有空就閱讀靈性的著作和詩，聆聽撫慰心靈的古典音樂。我發現只要閱讀惠特曼、泰戈爾、魯米的詩，我就能夠從更神聖的角度看待世事。
- 閱讀大師的精妙教導就像是做靈性功課，包括《新約》、《奇蹟課程》、《妥拉》[1]、《古蘭經》、《薄伽梵歌》。這些偉大的著作是置身在靈之中（得到啟發）的一個方法，化解你的疑慮，不再懷疑自己不配在生活中顯化你的願望。
- 下面這首美麗的詩出自紀伯倫的《先知》，便是靈性著作的一個例子。我把詩文收錄進來，供你研讀。特別注意這兩句：「你們的心在靜默中知道了晝與夜的奧祕。」「因為靈魂走在所有的道路上。」這些都是我在全書的篇幅裡強調的思想，以鼓勵你認識自己的神聖價值。

論自知

摘自《先知》，作者紀伯倫（一九二三年）

然後一個男人說：跟我們說說自知吧。
他便回答了，說道：
你們的心在靜默中知道了
晝與夜的奧祕。
但你們的耳朵渴求聽聞

1 The Torah，又稱《律法書》、《摩西五經》，包括創世紀、出埃及記、利未記、民數記、申命記。

你們的心的知識之聲。
你們想從言語得知
你們在意念中一向就知曉的事。
你們想用手指碰觸
你們夢想的赤裸裸身軀。

你們這樣也好。
你靈魂的隱蔽泉源必須
上湧並低喃著奔向大海；
而你無窮深處的寶藏
將會在你眼前揭露。
但不要用秤來測量你那
未知的寶藏；
也不要用木杖或測深索

探測你知識的深度。
因為自我是無邊無際不能測量的海。

別說：「我找到了真理。」要說：
「我找到了一條真理。」
別說：「我找到了靈魂的唯一道路。」
要說：「我遇到了走在我道路上的靈魂。」
因為靈魂走在所有的道路上。
靈魂不是走在一條路線上，也不是
像蘆葦般生長。
靈魂綻放自己，像一朵
有無數花瓣的蓮花。

● 盡量置身在美好的事物中。我在佛羅里達西南部的馬可島（Marco Island）寫這些文字。每到向晚時分，我就離開打字機，出門到海邊，品味夕陽落向墨西哥灣的壯麗。這是我的日常儀式，每次都很讚嘆有那麼巨大的能量，又一次移動地球，讓地球維持繞著太陽飛行的軌跡。我在那能量中呼吸，感恩那盛大的美景裡有一個我。

每天傍晚置身在太陽西下的場景裡，我都有回家的感覺，一個超越了地球範疇的家，而這又讓我向內在更深層的本質敞開。當我沉浸在這樣的壯美之中，絕不會覺得配不上宇宙的恩典與慷慨。任何的美感經驗都是如此——這是美的特性，美會驅散疑慮，你不會再懷疑自己的神性，你會相信自己與存在於萬事萬物的終極真理是相連的。

● 善待自己和別人，多多益善。捨棄你想要證明自己是對的、想贏的心理需求，選擇善待別人，你很快就會領略到內心一片祥和的美妙滋味。記住，你的最高自性只想安然自在。當你宅心仁厚，祥和的心境會隨即出現。當你跟自己、跟世界和睦共處，你會知道自己配得上一切來到你身邊的美好。你會信任那個為你實現願望的能量。

當你陷入混亂，眼裡只有輸贏，你就被小我騎到頭上了，而小我熱愛混亂。當你的心亂成一團，你會胡思亂想要是跟別人相比，自己的價值是高還是低。於是你開始懷疑自己的價值會不會太低，不配接受和顯化。

每天善待別人至少一次，也給自己相同的特殊待遇，越多越好，把這當作你自己的特別任務。你的內在自我要怎麼做，始終都是你作主的。你選擇的愧疚、擔憂、恐懼或批判，不過是傳遞到身體的一個念頭。一旦這些情緒讓你的身體失衡，你會變得病懨懨，很不快樂，甚至不會想到要參與共同創造的行動，開創幸福的人生。你毀了自己，只因為你不肯善待自己和別人。

- 開始認定宇宙是友善的地方，並不凶險。將你在過去的人生階段所受的傷，一律歸類為「人生課題」。別再讓你的舊傷主導你的人生，把傷疤當作你的身分證件。

不要認為這個世界是邪惡之地，每個人都是惡人，斬斷那種心思，從今以後，在你見到的每個人身上發掘美好。記住，每發生一件惡行，就有千千萬萬件善行。這個宇宙是靠和諧、平衡的能量在運行的。吸進那能量，呼出你被命運迫害的想法。你對創傷的依附會毒害你的身體細胞，還會造成靈魂的精神毒素。

- 反覆說出下面的話，說到你懂為止：「我就是我，我配得上宇宙所化成的豐盛跟宇宙裡的一切，包括我。」

現在你已經上路了，你會明白自己可以在這個世界吸引想要的事物並顯化，因為你值得。你知道自己的最高自性。你信任自己與創造了你這個人的神聖智慧。你知道自己跟環境是分不開的，而那個吸引的力量就在你之內。

下一條法則是關於愛的能量，你必須認識蘊含在你整個人裡面的愛、體驗到那份愛，才能開始應用最後三條顯化法則，這很重要。

法則六

以無條件的愛連結神聖源頭

神性的本質是愛，
奉行無條件的愛與他人無關，
是體驗神性勢能流經你。

米拉白知道，要找到那神聖的一唯一不可或缺的是愛。

——米拉白[1]

不論在天上或人間，都沒有比純粹、無條件的愛更強大的力量。這就是第六條顯化法則的要義。

神性勢能是萬物之中的無形智性，它讓物質世界得以出現，也是靈界與物質世界的核心，而關於神性勢能的本質，最貼切的說法是純粹且無條件的愛。愛像黏膠一樣讓所有的物質維持形體，不會潰散成無數的粒子。這種神性勢能是跟我們永遠相連的超靈（oversoul），因為我們是神性勢能的小型延伸體。

或許你覺得自己有無限的價值，可以當之無愧的把物質與精神的豐盛吸引到身邊，但如果你沒有在生活中落實無條件的愛，你會干擾自己在生活中的顯化能力。要跟宇宙的無限能量建立神聖的連線，你一定要化身為無條件的愛。

要把「我奉行無條件的愛」說出口似乎很簡單，甚至很得體，但在這個物質世界上的大部分人，離無條件的愛還很遠。我們絕大部分人做不到無條件的愛，主要是因為我們常常以為那是小情小愛，或是多愁善感。

愛的能量瓦解各種限制

當我談到愛從你的靈魂與神的神性意識散發出來，我說的愛是較低層次的自我或小我不會懂的東西。我說的不是對別人「有意思」、濃情蜜意、處處留情、「露骨」的行為。這裡說的無條件的愛，是指

1 Mira Bai，一四九八～一五四七年，印度教黑天教派的神祕主義詩人。

過著和諧的人生。只是那實在太深邃、太奧妙，不是平凡無奇的我們可以啟動的。

無條件的愛的能量，就是推動創造的幕後力量，主導我們所有的自然律。這種愛可以想成是一種振動，讓我們心識裡的意念體得到物質的形體。在最高的層次上，愛的本質是一種勢能，我們稱之為神的旨意。我們從愛的煉金術，去理解一個東西怎麼會從靈界顯化為物質形體。

這些話是很強勢，卻是你不知道不行的話，否則你對生命給你的一切只能照單全收，不能更上層樓，與無條件的愛的宇宙能量共同開創你的人生。

我建議你做個實驗，在幾天的時間內，甚至一週，一律以無條件的愛對待別人。請你暗中進行，但你要向自己發誓，從你的心智發散的思維，一律要充滿無條件的愛。鄭重的宣告你要在自己規定的時間內，活出無條件的愛。

在這段期間內，謝絕批判或挑剔的想法。在無人打擾的清靜時刻，只想著和平與愛。在你所有的人際關係中，你的思維和行事只以愛為依歸。隨時隨地，將愛的意念和能量散播給你遇到的任何人事物。在這段時間裡，化身為無條件的愛。

這個化身為無條件的愛的練習，是展開顯化流程的前置作業。將愛傾注到你周遭的環境裡，你所有的想法、言行都要保持溫和，你身邊的朋友圈子給你的回應將會煥然一新。不僅如此，你很快便會自動擴大行動的範圍，將這份愛散播到你的社區，送給你在報紙上看到的人，包括被貼上恐怖分子、殺人兇手、詐欺犯等等標籤的人。

你的重點要放在無條件的愛的「無」。你對一切都超然而有愛心。你並不是喜愛充滿敵意的行為，但凶惡、沒愛心的人也蘊含著靈，你愛的是被困在那些人身上的靈。當你可以這樣生活，凡是不符合無條件的愛的思想和行為，你都敬謝不敏，你便會體驗到靈的精神，知道如何突破人生的各種局限。

你的制約機制不會輕易支持你進行這項作業。但你可以堅持個幾天，只是體會一下天地間那個神聖的靈是什麼樣子。它不批判任何人事物，不說教，不偏心，只是化為無條件的愛而存在，散播和諧，允許一切人事物自然發展。每天都有千千萬萬的花朵綻放又合攏，沒有外力逼迫，只有流經萬物的無條件的愛，也就是宇宙無窮無盡能量的精髓。做這個練習，是在為你培養這方面的特質。

練習成為無條件的愛時，冥思、默想那聖潔的無條件的愛，那也是你本人的核心要素。想像有一顆無條件的愛的原子，位於你整個人的核心。在你的心裡感受這個原子，感覺到它在敞開、向外綻放。很快，這種與任何人事物都無關、不屬於任何信念系統的非關個人的感覺，會放射出一種連結感，你會覺得自己跟無條件的愛的無限能量——神——是相連的。

經歷這樣的蛻變後，你便踏上了顯化之路。你會甩掉所有的批判、憤怒、道德綁架、說教、厭惡、怨恨與小我的其餘伎倆，而連結上無條件的愛。

花了幾天時間落實無條件的愛以後會怎樣？如果你所有的冥想內容都是愛，如果你將愛傾注給每一個情況、每一個你見到的人，而且遍及這個星球上的每個人，直到無窮無盡的宇宙，你會覺得自己截然不同。你的睡眠會更香甜。你會時時刻刻感到安然自在。你的人際關係會進入更深刻的靈性層次。最重要的是，你會開始注意到生活裡的「巧合」變得更頻繁。你無條件的愛的意念體會開始帶來你想要的事物，而你甚至沒察覺那是怎麼發生的。你的夢境會變得更鮮明熾烈，而你的人生願景會更清晰。

我建議你多多去愛，不帶條件，不期待回報；如此，你面臨的局限會消失。別急著反駁我，你先試試再說。有一段常常有人引用的《新約》經文很適合安插在這裡。對我來說，這是史上最精妙的文章之一。以下出自《哥林多前書》第十三章〈愛〉。

我現今把最妙的道指示你們。

我若能說萬人的方言，並天使的話語，卻沒有愛，我就成了鳴的鑼，響的鈸一般。我若有先知講道之能，也明白各樣的奧祕、各樣的知識，而且有全備的信叫我能夠移山，卻沒有愛，我就算不得什麼。我若將所有的賙濟窮人，又捨己身叫人焚燒，卻沒有愛，仍然於我無益。

愛是恆久忍耐，又有恩慈。愛是不嫉妒，愛是不自誇，不張狂。不做害羞的事，不求自己的益處，不輕易發怒，不計算人的惡。不喜歡不義，只喜歡真理。凡事包容，凡事盼望，凡事忍耐。

愛是永不止息。先知講道之能終必歸於無有，說方言之能終必停止，知識也終必歸於無有。我們現在所知道的有限，先知所講的

> 也有限。等那完全的來到，這有限的必歸於無有了。我做孩子的時候，話語像孩子，心思像孩子。既成了人，就把孩子的事丟棄了。我們如今彷彿對著鏡子觀看，模糊不清，到那時就要面對面了。我如今所知道的有限，到那時就全知道，如同主知道我一樣。
>
> 如今常存的有信、有望、有愛這三樣。其中最大的是愛。

對，這三者最偉大的是愛。愛讓不完美消失，讓你遵循無條件的愛的模型，與愛共同開創你的人生，進入圓滿的精神世界。

我很清楚，我們不太可能在人生的每一刻都落實無條件的愛。我猜想你的小我在反駁，說你只是凡人，是凡人就有缺點，哪能妄想做到無條件的愛。但我要請你練習看看，幾天或一週就好。理由很簡單，我知道當你建立了這樣的嶄新覺知，你會感受到人生的華美，無條件的愛自然會成為你的習慣。

無條件的愛是生命的終極真諦，看似簡單，卻無比強大，即使你只在生活裡小小試驗一下，也能讓你擺脫小我的宰制。我們不學會超越小我，便會一直助長我們目睹的世界亂象。保持超然，帶著無條件的愛去觀察，可以在小我與靈之間建立健康、平衡的關係。

進行超然的觀察的步驟

我在很多年前學過不少精妙的冥想，其中一個是想像你脫離了身體，飄進太空，越飄越遠，直到你將整個地球盡收眼底。如果你做了這個冥想，試著想像一下，少了一個你以後，地球變成什麼樣子。這對小我來說是很艱巨的任務，因為小我根本想不出一個沒有你的世界。接著，開始觀察地球，不批判，不貼上好壞、對錯的標籤。只吩咐自己去意識到無條件的愛，允許它出現，傳送出去。你大概會察覺到，要是你不插手干預的話，想把無條件的愛傳出去就簡單了。也就是說，當你的小我不擋路，你就做得到無條件的愛。你可以用這個技巧，輔助你投射出無條件的愛。

如果你整個人都化為無條件的愛，你不會被小我在意的事情牽著走。當你以無條件的愛來生活，你會在平和的狀態下做到超然，溫情的看待你遇見的每個人、每件事。能夠將這樣的意識套用到自身之外的地方是很神奇的。關於如何連結神、認識神的大哉問，這就是答案。也就是說，你不是要去認識關於神的知識，而是**去認識神**。

成為超然觀察者的過程，發生在冥思或靜心的靜默中。先給自己騰出一段時間，安靜下來，進入內在的愛的空間。在那個靜默中，你會真正認識無條件的愛的神聖能量。

在西方世界，多數人很難忍受長時間的安靜。他們會借助音樂、交談、廣播節目、電視等等，以一切手段終結靜默。我們的文化是喧鬧的文化。

當我靜心冥想，想要單純的觀照靜默，我會聽到吸塵器、電動割草機、樹鋸、手提式吹葉機、草坪修邊機、各種搬運泥沙的機器、推土機、清潔用的機器等等。這些吵鬧的電動機具，以高分貝的噪音汙染世界。你可以進入內在，過濾掉噪音汙染，練久了，就可以對噪音無動於衷。不過除非你跑得夠遠，走進大自然，否則這個世界的喧囂照樣會滲入你的靜心時間。

我們以各種聲音占據心神，讓小我避開了它不想要的清靜與無條件的愛，而這兩者都來自神的神聖智性。但你可以成為超然的觀察者，只要你作出選擇，不放任小我一直編造各種說法，允許你較高層次的自性出面主導。做一個懷抱無條件的愛的觀察者，不要跟著小我起舞。

我們有批判、說教的傾向，留意到什麼事情，就覺得那是衝著我們來的，放掉這樣的傾向。單純的觀照就好。如此，你就跟神搭上線了，讓你的一切都接受神的慈愛祝福，不要聽小我聲嘶力竭的堅稱一定有更高明的辦法。對神虔誠，意味著將你內在的愛表達出來。只做到大致的樣子遠遠不夠。當你與遍布在天地間的神合一，你必然就是愛。

合一代表什麼

現在的人說的「神的旨意」，是為了控制別人才編出來的說詞。要是你以為有一個獨立在你之外的神的旨意，那宣稱自己知道神的旨意的人就可以支配你、控制你。如果你採納這個信仰系統，你便會掉進「神的旨意跟我的意願對立」的陷阱。你想做某些事，可是「神的旨意」說不行。

當你明白神並不是獨立在你之外，便有可能做到無條件的愛，成為人生的共同開創者。你跟神完全是一回事。在《新約》裡，耶穌對眾人說：「……我曾說你們是神。」稍後，還說：「信我的，不是信我，乃是信那差我來的。人看見我，就是看見那差我來的。」（約翰福音第十章第三十四節、第十二章第四十四節。）

處於合一的狀態表示你知道神對一切造物的無條件的愛，也可以是你本人，只要你作出選擇。你的自由意志是你想相信什麼都行，那是你的自由。這個自由意志是神給你的禮物。行使你的自由意志時，要秉持愛的精神，別對這個愛施加任何條件。

神對你的愛沒有條件。神聖的造主給你的愛，並沒有限制條件，也不會審查你。你想做什麼都完全自由，因為你的意願與神的意願是同一回事。在無條件的愛的宏偉格局下，你可以自由的選擇想法。

如果你的愛跟神對你的愛是一致的，你便是活生生的無條件的一。如果你對那份愛設定了限制，根據你的評斷與憎恨來決定要不要保留那份愛，你便將這份愛變成了有條件的愛，你便不可能跟神一起創造什麼。你與神的神聖本質有了分歧。這種分歧的狀態不過是在規範你付出愛的條件，限制你愛的能力。

假設神決定收回無條件的愛，不給你也不給這個世界，並且訂立規範萬事萬物的規矩。在這種世界的人，生活裡就沒有思想及表達的自由。這樣的話，整個宇宙會瞬間崩毀。

生命隨著自由的無條件的愛而流動。這是生命的要義。沒有神明規定你要怎麼想，不然就詛咒你、毀滅你。在我們的世界上，我們有無條件的思想自由，愛想什麼都行。你就是這樣被愛的。這是神聖的造主給你的禮物，而你拿著這份禮物揮灑自己的個人風格。沒了這種自由，你將不再是人類。當你得不到無條件的愛，不能愛想什麼就想什麼，你會喪失人性。

現在假設你可以在生活中做到無條件的愛，單純的允許自己不去批判什麼。要是你沒有憎恨，只是讓別人自由的選擇他們要怎麼做，那會怎樣？你會體驗到所謂的「合一」。你的意志與神的意志將沒有分歧。

你體驗到的分歧來自小我。你認為自己跟神、跟神的所有造物是分離的，這種想法就是你的小我。小我需要一再記起自己比別人優秀。於是就有了分歧。但你不是一定要參與這種荒唐事。你的最高自性只想安然自在，它就是無條件的愛。

用這份愛追求共同創造的目標。當你散發出無條件的愛的思維，在你以此進行創造的每一刻，你都反映出當初創造了你這個人的同一份愛。創造（或顯化）的行動，就是讓你內在的無條件的愛得到形體，進入這個我們稱為有形世界的地方。從這個角度來說，可以把無條件的愛想成是那個參與了共創活動的能量。

無條件的愛即力量

有些人似乎得天獨厚，能夠把各式各樣的好事吸引到生命中，我們說這種人天賦異稟。人生境界夠高的人就是這樣，一個意念體才剛剛形成，幾乎毫無延誤就變成了實體「出現」，而提升人生境界的能力，則可以從兩個角度來看，一是無條件的愛，一是不強求世界如何如何、也不批判世界。

我知道當我們開始運用靈性顯化的基本法則，每個人都可能掌握這樣的力量。大多數人只是沒有意識到自己實際上多麼強大，我們憑著自己的能力去創造意念，而後這些意念將宇宙的豐盛吸引到我們身邊。當我們用頭腦去分析這種力量，立刻就會想到自由意志與命運之間的矛盾。有了這個矛盾，我們秉持無條件的愛來思考與生活的內在需求，就會被抹殺掉。我們理性的左腦說：「如果命運是注定好的，我就沒有自由意志可言，可見我會怎麼想都是早就注定的，所以我沒有指望了。」

我們很快討論一下命運這回事，畢竟這個詞就在這本書的英文書名裡，我們要從另一個角度來看命運。**命運不是上天注定的**。命運完全是你注定的。**當下**生命的每時每刻，都是你之前的思想帶來的結果。一切都早有安排的想法是幻想。你可以顯化自己的命運，你也確實在顯化。

自由意志是無條件的愛給你的禮物。你用自由意志開創自己的命運，當你脫離無條件的愛的道路，你就活在幻覺中。你幻想自己跟神的旨意是分離的，於是你必須採取奉承的立場，神是你要對抗或畏懼的對象。顯而易見，如果真是這樣，神不可能同時是博愛的。

一旦這個幻覺扎了根，你便是遭到生命迫害的人，不能跟生命共同創造。無條件的愛明明是你的生命本質，你卻喪失了把無條件的愛散播出去的能力，反而投射出被制約的小我。也就是說，你放棄自己的力量，沒有跟創造了你這個人的神性勢能合為一體，丟了顯化的力量，不能跟神一起開創你想要的人生。生命與你較高層次的力量分歧了。

你開始畏懼這個較高層次的力量，對它卑躬屈膝。你感到幻滅，不認為自己有吸引美好事物的能力，覺得自己弱小而無力。你失去了伴隨著無條件的愛的人生而來的歡欣喜悅。

認識無條件的愛所帶來的喜悅

培養無條件的愛的最大收穫，是得到免於憎恨和暴力的自由。消除了憎恨、暴力的思想以後，你會發現喜悅與和平的存在。這是我們遇到無條件的愛時的自然反應，因為你與創造性的源頭和睦共存。

你觸及無條件的愛時會破解的錯誤訓示之一，是喜悅關乎小我、受苦關乎靈性，你不會再那樣想了。這一條無稽之談要反過來才對，你也才可以觸及靈性喜悅的源頭。簡單說，以小我的觀點，我們要隨時得到自己想要的事物才會喜悅，而靈性則涉及冥想、慷慨大方、善待別人。要在人生中擁有真正的喜悅和幸福，就要肯定靈性，把小我放在次要地位。

告訴自己小我是一個幻覺，你便得到了一個強效的顯化工具。小我認為你大致上是一具身體，與神是分離的，需要時常往臉上貼金，以宣示自己的重要性。只要你說這是幻覺，其實並不存在，那些想法便會被無條件的愛取代，喜悅會油然而生，實際上那是你否定虛妄、肯定你生命真相的喜悅。

當你沒有把全部的精力都拿來妄自尊大，你就完全自由了。當你不需要每個遇到的人都討好你、寵愛你、認同你，你是自由身。當別人的行為再也無法得罪你，你是自由身。自由讓你可以將內在的自性散播到外在的世界，那就是愛。

自由無拘的感覺蘊含強烈的喜悅。想想你生活裡最自由的那些時光：當你必須拿出表現的壓力消失、當你在大自然漫步、當你沒有被人催促一定要趕上最後的期限、當你獨自跟神交流。如果你曾經連結到你內在的生命，這些便會是你最愉快的時刻。在這種喜悅的自由時光裡，你的精神會受到鼓舞，而這表示你「在靈之中」。

我這輩子最有創造力的時期，是我允許自己自由無拘的時候。自由讓我的心充滿喜悅，喜悅顯化為拓展工作的新點子，給我更明確的目標，做一個更好的作家、教師、父親、丈夫，並將我感受到的愛，分享給也想認識這種愛的所有人。

喜悅、自由、無條件的愛是分不開的，三者的體驗互相流通。喜悅來自凡事不執著，不受拘束。這也是自由的滋味，是實踐無條件的愛的結果，而無條件的愛來自你生命核心的神聖能量。

真正的喜悅不僅僅是一時的歡愉。小我的歡愉眨眼即逝，非常短暫。小我會追求更多的歡愉，像吸毒一樣，想感受到滿足。但一時的歡愉帶來的滿足感基本上是錯覺。任何肉體的歡愉都不邪惡，只不過很短暫。

倒不是說我們不應該享受按摩、美食、做愛等等肉體的歡愉。而是我們應該要知道，真正的喜悅不在肉體的歡愉中。而是在你的心識，是你的心識在消化你的經歷而後讓你嘗到歡愉的滋味；身體完全是中性的，就跟**萬事萬物**一樣。心識讓事物變得真實，而不是反過來。

身體不能讓我們變得真實，也不能療癒我們的心識。身體本身也不能給我們喜悅。是心識引發了身體的療癒，喜悅也是心識引發的。你的目標是讓心識跟無條件的愛搭上線，無條件的愛是一切物質事物的神聖源頭，包括你的身體。那個源頭就是愛。當心識跟無條件的愛協調一致，喜悅與力量就跟著來了。

水珠一旦離開了海洋，基本上就成了毫無力量、弱小的玩意兒，撐不了多久。但是，水珠要是跟它的源頭串聯起來，也就是海洋本身，這水珠的力量可就不得了了，是單單一滴水珠不可能有的。你也是。當你孤孤單單，與你的神聖源頭分離，你就是披著人類皮囊的小我，活在自己很重要、很強大的幻覺裡。但是跟源頭恢復連結以後，你會認識跟源頭攜手合作的喜悅。而你連結的對象是純粹而無條件的愛，是對萬事萬物的包容。你會拋下一切恐懼。

無條件的愛即沒有恐懼

所有的恐懼都是因為我們以為自己是孤單的，與我們的神聖源頭分離。我們給那個源頭取了很多名字，包括上帝、聖靈。當你抱持無條件的愛的立場，你會自然而然的放掉恐懼。當你沒有恐懼，沉浸在無條件的愛之中，你會得到顯化之謎的答案。等你真的體認到自己不是孤立無依的，無條件的愛便會取代恐懼，而你已經可以接觸到聖靈了。

小我引發恐懼，不停的跟你說你不完整、需要更多東西，說你非贏不可，以證明你比別人優秀。小我不斷給你壓力，讓你始終處於不安、焦慮的狀態。那就是在你內心孕育出一切恐懼、灌溉恐懼的溫床。

要讓無條件的愛成為你的生命之道，你得告訴小我，沒什麼需要證明的，你想要的一切、你期盼的一切都已經在這裡了。不僅如此，你需要教育小我，你跟一個創造性的源頭相連，那個源頭可比小我強大多了。

你不執著於事情一定要怎樣，不管你在哪裡，你都可以用意念傳送無條件的愛的能量，信任一切自有安排。不強求，就沒有壓力。一種簡簡單單就是知道的知曉，隨著無條件的愛的態度出現。作出這樣的宣告以後，恐懼會從你的生活消失，由愛取代。記住《聖經》說的：「愛既完全，就把懼怕除去。」

恐懼與愛不能在你的內在並存。如果你在害怕，你就驅逐了愛。

如果你正在體驗完美的愛，也就是在自由意志裡的愛，那你就驅逐了恐懼。

無條件的愛的法則是顯化個人命運的前置作業，卻很難隨時做到。儘管如此，你可以一步一步的展開這個過程，就從現在起。以下就建議一些作法，供你落實並散播無條件的愛。

無條件的愛的幾個實踐方式

- 謹記「愛可以轉化」，奉為圭臬。每一個愛的舉動，都能釋放堵塞在你身體裡的能量。無條件的愛療癒你的身心。不斷提醒自己這個真相，直到它化為你的現實。愛是一種頻率，你可以選擇接通愛的頻率，就像收聽調頻廣播一樣。
- 愛的對立面是恐懼。恐懼是身體裡實際存在的能量流，當你覺得自己跟無條件的愛的源頭失去連結，便會生出恐懼。每一回感到害怕的時候，都問自己：「現在是怎麼回事，我怎麼會用恐懼取代愛？」這樣的自我對話可以把你拉回來，覺知到因為你跟愛失聯而在你體內流動的恐懼。

在你探查真相的時候，讓自己沉浸在無條件的愛裡，送走你身體裡的恐懼能量。在那些恐懼的時刻裡，你擔心自己會失敗、不會得到肯定、你的外貌、你的成績等等，歸根究柢，這些焦慮都是喪失了無條件的愛。害怕的時候就回歸自己的源頭，你會看到恐懼幾乎立刻就潰散了。

- 記住，要在合一的思維和行動裡，你才會體驗到愛。你越是認為自己跟神聖源頭是相連的，你在待人接物的時候就越有愛。
- 養成靜心冥想的規律習慣，私下進行，不要張揚。每次吸氣，都感覺到自己吸入了無條件的愛。每次呼氣，都呼出恐懼的念頭。這一項個人練習可以像救生索一樣，拉著你進入無條件的愛與顯化的世界。

出門散步時，在呼吸中將愛的精神吸進來，感受那一份愛流遍你的全身。只要把呼吸當作工具，從神聖源頭吸進愛，然後呼出恐懼。你會越來越放鬆，也更了解喜悅與自由。

- 找一天做這個練習，挑一個同伴共襄盛舉。你們要下定決心，在整整二十四小時內，你們的思想、作為、散發的能量都必須是無條件的愛，包括作夢的時候。在你們兩人約定好的練習日，只把愛帶進每一刻的時間裡。

這表示當你們冒出想要說教、批判的念頭，就立刻從內在的空間趕出去，換成無條件的愛的思維。如果你可以這樣子做上一天，試試再多做一、兩天。你堅持得越多天，改變越顯著。

你會開始注意到共時性的事件，彷彿上帝在特別眷顧你。你會注意到自己的能量增加了；夢境出現有趣的變化，變得更鮮明、強烈而靈性；你會發現以前你看得到卻摸不到的事物，被你吸引到身邊；你一定會察覺自己感受到的喜悅與幸福變多，人際關係也升級。

- 下定決心，把你最做不到無條件的愛的事情，都交託給神。交託的時候只要提出請求就好，類似這樣：「我在這些方面的生活裡，一直做不到無條件的愛，請給我神聖的指引，讓我知道如何是好。我想到這些人還是很氣、很恨，請指引我怎麼做到無條件的愛。」

承認自己覺得無能為力，便是承認你的制約和人生經驗，沒有提供你把愛帶進這些事情的方法。但你也承認你知道世界上有一個更高層次的能量，而你請那個層次較高的勢能指引你。當你把自己無能為力的事情交託出去，你是在全心全意的信任神的勢能，承認你不能攻破小我的要塞。

- 在你禱告的靜默時刻，不要害怕求助。如果你為了內心的平靜，想要驅散恐懼和憎恨，你會得到幫助。別規定援助必須如何出現在你的生活中。只要坦率的求助，等援助出現了，就表達謝意。

● 要明白顯化願望及無條件的愛之間的關聯。無條件的愛是宇宙的能量，神就是無條件的愛，所以你也是。要是你失去跟這種愛的連結，你也會跟創造性的過程失去連結。

如果你的連結短路了，就不能把已經跟你相連的那些事物，吸引到你身邊。無條件的愛存在於你想吸引的一切事物中，包括你本人。老老實實的保存這份愛，你會保住「知你是神」的能力。失去連結，便失去你跟神一樣的屬性。道理就這麼簡單。

當你詢問你想要的事物，怎麼沒有出現在你的生活中，提醒自己這個道理。答案一定會牽涉到你內在世界的某些地方缺少了無條件的愛。

● 沒必要拿無條件的愛來哄騙自己。如果你不喜歡別人的個性，要坦然跟自己承認，但你仍然可以喜愛別人的本質，喜愛在這個星球上與星球外的每個人的真相。看著每個人展現的樣貌，即使他們的行事不符合你認知中的神性與聖潔。明白他們受到小我的束縛，以致做的事沒有絲毫的聖潔特質，但你仍然要祝福那些事情背後的本質。

你越是看淡一個人的性格與個別的行為，越能夠成為我們整個星球的光明燈塔。我們得改變意識，世界才會蛻變，而那個我們要建立的新意識，就是愛將會勝過小我的激越。對於你無法苟同的事，別管表象，照樣傳送愛的祝福，那些事可能會在你眼前轉變。

● 把你說的話當作你的律法！保持表裡如一，差不多在任何情境下，你都會感受到愛。凡是你說出口的話，你都要充滿愛的做到。你會覺得內在是平衡的，這是活在自我否定、愧疚中的人不會有的平衡感。你越是落實「我的言語就是律法。我必須遵守」，你的生活就越平衡。

宇宙的運行講究平衡，維持宇宙平衡的能量是愛。宣告自己是言出必行的人，你便跟這個世界的慈愛本質搭上線了。

凱伊・歐巴拉（Kaye O' Bara）照顧昏迷的女兒二十七年的事蹟，讓我見證了活生生的無條件的愛。我（跟內子瑪塞莉娜）以一個鐘頭又一個鐘頭的時間，將她的經歷寫成了發人深省的小書，書名《信守不渝》（暫譯，*A Promise Is a Promise*），我要大力鼓吹你熟讀這個震撼人心的傳奇故事，見識一下身體力行的無條件的愛——閱讀這個非凡的故事，你不但會受到激勵，也會知道自己幫助了這一對母女，因為全部的版稅都會直接付給這兩位聖潔的靈魂。

第六條顯化法則到此結束。無條件的愛是你建構心靈畫面的基石。牴觸無條件的愛的想法是小我的傑作，不可以放進你內在的愛的國度。

如果你落實了這一條法則，你便揭露了一項絕大部分人迴避的真相。有了無條件的愛，你才可以真的連結到存在於萬物中的神聖能量。這要由你決定。要不要行使你的自由意志，是你的選擇。這是神給你的禮物。

當你展現愛心，你便接通了那一份跟自由意志一併送給你的愛。當你生氣、怨恨、嫉妒、暴戾，你是跟小我同一陣線，如此，就不可能跟我們稱為神的那個神聖能量源頭一起開創你的人生。

法則七

創造之音的冥想

學習跟創造之音、造物之音共振，進入較高意識，讓創造瞬間完成。

第七條顯化法則會衝撞你的制約，比其他八條更難接受。這不符合你對於如何在這個宇宙安身立命的信念，卻也擴展了你的能力，讓你更能夠創造並吸引心裡想要的事物。這條法則是很實用的顯化手段，同時刺激你敞開心胸接受一個新觀念，每天做一項很不一樣的修練。

修習這個聲音冥想，保證你會學到很多，滿載而歸。我就從中得到了驚人的成果。其他規律的做這個冥想的人，生活有了翻天覆地的變化，實現以前他們認為不可能的事。

除了敞開心胸，唱誦滋養靈魂的創造之音，也抽出一些時間仔細的重新閱讀其他八條法則。當你開始每天執行這兩項顯化的冥想，你得信任自己的最高自性，帶著無條件的愛進行冥想。溫習其他八條法則，有助於維持信任與愛。

在撰寫法則七之前，我仔細研究過大量的靈性文獻。幾個世紀以來，以聲音改變自身振動頻率的修練方法，一直是不外傳的。許多古代的上師隱瞞顯化的奧祕，生怕不是用在正途上。現在是心靈革命的時代了，個人與群體的接受力上升，於是這些靈修方法又一次面世，向我們揭示它們的價值。聲音的冥想可以大幅改變你的個人生活，也可以更新我們的群體意識，覺知到我們有顯化的能力，可以不再受制於小我的要求與雞毛蒜皮的問題，打造出那樣的世界。

我何其有幸，有古儒吉大師來做我的靈性導師，傳授我這些冥想，讓我去教導能夠接受這種概念的人。我將自己學到的冥想，原原本本的寫出來，寫的時候也明白，許多讀者會覺得內容很矛盾，跟他們受制約的人生體驗不一致。儘管如此，我知道這些冥想真的有效，我要請你敞開心胸，接受你獨特的能力，為你自己掌握顯化的能力，尤其是為全球的進化貢獻一己之力，讓世界升級到不受小我掌控的境界，正是小我在三令五申，要我們跟創造性的勢能劃清界線。

法則七就是將聲音當作工具，為你打開創造性勢能的潛力與力量。聲音的力量可以讓你生出吸引的能力，讓你將想要的事物吸引到身邊。這條法則的幾個關鍵詞就是下一節的標題。

聲音蘊含力量

聲音是強大的能量。每一個音都是一種振動，讓波以特定的頻率振盪。人耳聽得到的頻率範圍，是每秒差不多一萬六千次到四萬次左右。高於這個上限、振動得更快的是電力，每秒大約一百億次。每秒二千億次的是熱力。光與色彩是每秒振動五千億次，每秒兩百兆次的振動則會顯化為X光。根據推論，思想與未知的乙太維度、靈性維度，則屬於振動頻率更高的範疇，超過目前我們可以測知的一切事物。振動頻率顯然是我們物質世界的本質。

我們聽到的聲音在測量尺度上是低頻的，振動的速度只高於實體或固體。聲音是抽象的思想與物質世界的實體之間的媒介。聲音實際上將抽象世界的思想與靈，塑造出形體。《聖經》對創世的描述是：「神說要有光，就有了光。」或者換句話說：「讓光的振動，遵從我的命令出現。」

古代的祭典儀式會結合言語、聲音、形狀，來實現特定的目的。每個字的每個字母都代表一個音，記錄一個特定發音的表達形式。不同的聲音變成書寫形式，各有專門的用途。

聲音對我們有千千萬萬種的影響。音話（eidophone）是一種儀器，由繃得很緊的鼓面與撒在鼓面上的粉末構成。然後，在鼓面下方發出聲音或說出話語，鼓面上的粉末便會隨之形成不同的圖案。有的圖案就像動物、花卉等等大自然的造物。如果不用粉末，改用沙子，沙子會形成幾何圖案，還有可以跟字母表的字母對應的圖案。刺耳、不舒服的聲音，則會形成不討喜的圖樣。這一類的實驗揭示了聲音對我們的影響力。

機械發出不和諧的擾人聲音，例如轟轟響的聲音、尖利的聲音、摩擦的聲音，這會轟炸我們的意識，很難心平氣和，安然自在。不和諧的聲音可能導致內在的疾病。但如果是和諧、舒緩的聲音，則有療癒的效果。舒緩的和弦與自然的樂音，穿插滋養靈魂的靜默，可以帶來療癒。

除了療癒，聲音也可以用在創造的過程，這便是第七條靈性顯化法則的主題。大自然之音與創造的活動是最契合的，當我們用大自然之音，我們會開始從人類的感官接收不到的高頻，吸引到我們想要的物質體。

記住，聲音是振動頻率，介於我們所知的固體物質、形體的世界，與天地間振動頻率較高的靈的無形世界之間。學習聲音的應用方法，便可以利用聲音的顯化力量，讓意念在有形的世界顯化為實體。顯化就是在我們仍然棲身在物質界的肉身中時，學會如何連結靈性的振動頻率。

只有聲音的振動頻率，可以藉由我們自身的感官加以運用、改變。其他的頻率都不是我們能駕馭的，用不了，也體驗不到，不能拿來改變我們的振動頻率。留意言語與聲音，因為可能會影響到你的生活，吸引來正面或負面的影響力。和諧的聲音，對建立平衡、有創造力的生活最有益。

但在實際應用冥想的聲音之前，一定要學會如何調整自己，才能在日常的冥想使用聲音。顯化不是用頭腦。你要有超越頭腦的辦法，進入超脫於思維之外的意識狀態。這種超越頭腦的較高意識狀態，稱為**悉地**（*siddhi*）覺知。

了解悉地意識

悉地意識是一種完美的覺知境界，心中沒有一絲疑慮，一個念頭才剛升起，便會毫不延誤的顯化在有形世界。這是毫不受限的生命狀態，創造會在瞬間完成，從意念到變成現實之間沒有時間差。當我們思索這樣的恩典狀態，頭腦會立刻開始質疑，提出許多理由來證明不可能有那種事。

但悉地意識完全不涉及頭腦。玩味這個概念。悉地意識在頭腦之外。這種恩典的狀態跟頭腦沾不上邊，頭腦的特質是隨時都在腦海裡獨語。頭腦一直在為無限量的欲望發愁，欲望永遠填不滿。你可以給身體極致的歡愉，飲酒作樂、沉浸在溫柔鄉、買名車、大啖精緻的美食、按摩等等一切你想得到的樂事。隔天早晨，身體恢復了元氣，頭腦又列出一份新的要求清單，貼在你的腦門上，索求它永遠都嫌不夠的事物。這是頭腦的特性，頭腦是由小我掌管的。

所以，頭腦只是一道障礙，讓你體驗不到悉地意識的幸福狀態，無入而不自得，凡是你想要的事物，都會在生活中體驗到。頭腦阻斷了你最高覺知的願景。這種完美的覺知狀態就在你的內心深處，在那裡，你將想要的事物吸引過來的本領，比你讓頭腦主掌大局的時候有效率，也不用碰運氣。在悉地意識的狀態，你安然自在，內在的知曉開始取代你的思維。

在悉地意識的層級使用聲音，就像在講另一種語言。你的最高自性有它自己的語言。當身體靜定下來，全然處於當下，雜念消失。這時，就可以開始聲音冥想的精妙過程。第七條法則要解釋的就是這種聲音冥想的神奇力量。這個技巧會帶領你脫離小我與頭腦的束縛，進入你的內在，在那裡用創造之音改變你的振動頻率。

創造活動本身就是一種聲音。認識聲音、實際應用，可以提升你的覺察力，感受到你內在的悉地意識。

創造之音的神奇

當你開始認識聲音的力量，將這些概念融入自己的意識，走出頭腦的黑暗，進入最高自性的光明，想想《新約》約翰福音開頭的那句話：「太初有道（the Word），道與神（God）同在，道就是神。」

「God」這個字的發音，跟所有開天闢地的創造者的名字，都含有同一個音。人類所有的史籍資料中，包括原始文化、東西方的宗教及其他傳統，都說有一位造物主創造了言語和人類。下面列出我們給這位造物主的名字。這些名字都包含了同一個音，你找得出來嗎？

Ra（拉）　Tat（塔特）

Krishna（奎師那）　Sugmad（蘇格馬）

Rama（羅摩）　Gaiana（蓋婭那）

Buddha（佛陀）　Mahanta（馬哈塔）

Waaken Tanka（瓦卡・坦卡）　Mahavira（筏馱摩那）

Ahdonay（阿多奈）　Anu（阿努）

Brahma（梵天）
Siddha（悉達）
Ahura Mazda（阿胡拉・馬茲達）
Shiva（濕婆）
Jehovah（耶和華）
Maheo（馬黑奧）
Kami Sama（神樣）
Nagual（納古爾）
Kali Durga（伽梨・杜爾葛）
Khoda（胡大）
Akua（阿庫亞）
Atva（阿特瓦）
Nanak（那納克）
Osenbula（歐森布拉）
Yahweh（雅威）
God（上帝）
Ato（阿圖）
Allah（阿拉）

這些造主的名字顯然都有一個丫的音。這是創造之音，是喜悅之音。丫表達的是幸福、喜悅的感覺。創造之音和喜悅之音是同義詞。

造主在所有語言裡的名字都含有丫的音並不是意外。唯有丫的音是人類不必費力，只要吸一口氣，不必移動嘴脣、舌頭、下顎或牙齒，就能夠發出來的音。要是那些部位動了，發出來的音就變了。ㄚ是不費力的完美之音，就像創造本身一樣既不費力又完美。

創造之音ㄚ，是你操練悉地意識的語言時要用的音。ㄚ帶你突破頭腦的特性，擺脫頭腦沒完沒了的自言自語。在你做顯化冥想的時候反覆誦念ㄚ的音，實際上就是在反覆誦念神的名字。

斯瓦米．穆克塔南達（Swami Muktananda）在《對自性的省思》（暫譯，*Reflection of the Self*）為想要進一步認識悉地意識的信徒，寫了以下的文字。

眼裡滿溢著敬愛，吟唱祂的名。
內在的一切奧妙都將現形。
每隻鳥、每株植物
都會在你面前，以婆羅門的身分現身。

吠檀多的知識將隨處顯化。
噢，親愛的，將神的名吟唱下去
就在你的行進坐臥間，
就在你投入世事時。
永不淡忘祂。
讓你的心識融合到自性中。

他說這些神的名字，是以蘊含強大力量的音節以特定方式組合成的，能夠讓我們在內心體驗到神。古代的大智者在冥想的時候，會吟唱不同脈輪的振動之音。唱誦這些音吧，也許這會是你的第一次，但我們會隨著唱誦，認識我們內在那個精微的神性勢能。

兩千多年前，帕坦伽利（Patanjali）寫下了備受推崇的《瑜伽經》，指點如何建立最高的覺知狀態，也就是悉地意識。數以百萬計的《瑜伽經》修練者認為，他是史上最偉大的內在世界科學家。

對於想從最高的意識境界受益的弟子，帕坦伽利的建議是：「反覆唱誦唵（Aum）、冥想唵。」唵是宇宙創造之音的符號。帕坦伽利說當我們脫離肉身，心識消失，這時聽到的就是唵的音。複誦唵可讓障礙消失，喚醒較高階的新意識，也就是創造性的能量。練習唱唵的時候，我們實際上就變成這個宇宙之音的本身。這就是觀察者與被觀察者的瑜伽（結合為一）。

對於想要參與創造及顯化活動的人，自我覺知的大師們的建議是持續唱誦神的名字。ㄚ的音就是神的音。吟唱個幾遍，你會立刻感受到隨之而來的喜悅感與滋養。將反覆唱誦神的名字，納入你每天的冥想功課，你會真的變成宇宙的創造之音。這個在有形世界與最高頻的靈性世界之間充當媒介的聲音，會與你合為一體。

你可以為自己創造顯化的能力建立心靈畫面，這會對你的ㄚ音冥想有益。一個建構這個心靈畫面的方式是，將自己看作一臺發電機，發射與神之音ㄚ共振的能量。想像ㄚ音從你身體各個脈輪的開口發射出來，去連結你想要在這個有形世界吸引、創造的事物。

創造性的冥想與兩個涉及顯化的脈輪

人體有七個脈輪，其中兩個對於學習顯化的技巧很重要。一個是海底輪，又稱生殖中心，另一個是三眼輪，又稱識輪（mind chakra），位於眉心。想像在你身體裡面，海底輪與第三眼之間有一條通道。你要把這條在兩個脈輪之間的想像通道打掃乾淨，感受到第三眼睜開，想像你從這個剛打開的開口，將顯化的能量發射出去。

海底輪是生殖中心。三眼輪是用於顯化的脈輪。你可以把肉眼看不見的第三眼，想成是讓你深入接觸這個物質世界的部位。三眼輪可以自動察覺或看見物質界以外的維度的振動，但前提是你能說服自己相信這個真相，還要把三眼輪的堵塞清理乾淨。你以理性的左腦操練悉地意識的語言來開啟第三眼，而左腦仍然認為這是無稽之談，根本不可能辦到。

現在要記住，ㄚ的音是喜悅之音，也是神之音（「太初有道，道就是神」），想想我們在生產過程裡發出的聲音。生產的時候，最常聽到的就是ㄚ的音，從看不見的世界進入物質化的世界時，往往也會一併喊出神的名字：「老天啊！」「我的天啊！」「啊！」

這乍聽之下很搞笑，卻是正確的，無可否認，這些都是宇宙對顯化過程的提示。從根輪（或稱海底輪）釋放的能量引發了生產。生產實際上是怎麼回事？一個海底輪釋出了能量，另一個海底輪接收了這能量，一個靈魂從看不見的世界連結到一個準備顯化的形體，全程伴隨ㄚ的音。這一點是毋庸置疑的。三眼輪釋出的能量則是再創造，或者說顯化。

學習以聲音進行顯化的技巧，不過是把你體內的兩個脈輪之間的通道打通罷了。按照我在法則七後面教的方式複誦ㄚ的音，感受能量從你的生殖中心上升到第三眼，終至透過ㄚ的音，以你自身的乙太能量開啟第三眼，如此你便將無條件的慈愛能量帶進這個世界，這能量會創造出你嚮往的事物。顯化是從「識輪」或第三眼釋出能量，去連結你想要的事物。

穆克塔南達一再叮嚀他的追隨者：「瞥見實相之美是一種天賦，要得到這種天賦，只能透過夏克緹帕（Shaktipat，直接傳送的神聖能量），還有透過複誦神之名的力量，而複誦的方式，看是要吟唱、禱告或持咒都可以。」偉大的上師們告訴我們，堅定不移的修練下去，便能破除障礙，得以隨時活在「這一切都是神、這一切都是神」的覺知中。（《達顯雜誌》（*Darshan Magazine*），一九九四年九月號第三頁）

開啟第三眼是內在的修練，事物，將那些事物帶回來給你。這能量擺脫了身心的限制，打開在你的生殖中心與顯化中心之間的通道，連結到創造之音的振動。由於你脈輪之間的通道不再堵塞，你每天練習ㄚ的冥想時，便會沉浸在滋養靈魂的幸福恩典中。

將這個聲音冥想當作你的早課。你會跟平靜、喜悅的聲音協調一致，並且活出你與神在天地間實為一體的概念。ㄚ的音可以帶你進入那種覺知，是因為ㄚ的音不是字詞，頭腦不能扭曲它，塞進小我主導的規劃中。ㄚ的音超越了頭腦的理性運作。

我製作過《顯化的冥想》的錄音帶及CD，以我的聲音引導大家做這一項早課，協助大家專注在ㄚ的音上。此外，這份錄音會帶大家做第二個冥想，就是晚課，也是著重在三眼輪。但晚間的顯化冥想的重點不一樣，是專注在感恩已經顯化在生活中的一切。這也是最後的法則九的主題。

現實事物之音

在物質世界，還有另一個音反映出了顯化的振動頻率。那就是唵的音。如果你將物質界看得到的事物，化簡為最根本的聲音振動，你會聽到唵的音。古代婦女將寶寶帶進這個世界的時候，就是冥想唵的音。丫是創造之音，唵是受造物之音。唵是向一切已經顯化的事物致謝。

我們的覺知層次與宇宙的振動之間，存在著一種基本的關係。明白這一點以後，便有可能利用這些振動，將你的頭腦調整到你想要的狀態。所以我把唵的冥想納入顯化的程序。在晚間複誦唵的音，可以提升你的覺知狀態，感恩已經顯化在生活裡的一切。如此，你便會跟身邊的事物協調一致。

將唵的音當作感恩的咒語來複誦，將會給你有生以來最大的喜悅之一，你會跟環境水乳交融，沒有任何的對立。你會深深感受到自己與生命的連結，不會被小我牽著走，想要掌控你的環境。

使用唵的音，可以連結一切要顯化給你的事物，不論那些事物會以什麼形式顯化。唵會建立一個平靜的空間，協助你認同顯化的法則。你會覺得自己總算跟神變成了隊友，不再是老闆跟員工的關係。規律的進行唵的冥想，將會協助你珍惜自己正在顯化的事物，並感受到精神上的連結。

冥想時，唵的音也是集中在三眼輪。用三眼輪投射感恩的能量，你會感覺到第三眼有一個開口。然後，擴展你乙太能量的振動，從你在第三眼的部位想像出來的開口，與物質界的萬物之音共振。當你發出唵的音，熟練了以後，你會跟唵所蘊含的喜悅融為一體。你的心情會輕鬆起來，精神一振，與世界萬物、與已經為你顯化的事物，都有更深刻的連結感。我製作的錄音帶跟 CD 也包含了感恩的肯定語，我一遍遍的複誦，以便在冥想的時候聆聽。

說了這麼多，希望你已經明白在晚上做唵的冥想、在早晨做ㄚ的顯化冥想，是很重要且必要的。每天誦念這兩個音，最好是早晚都念，將會為你奠定基礎，可以熟門熟路的連結到你想要的事物，澈底理解本書傳達的訊息，也就是你確實在顯化自己的欲望和命運。

要是沒有先坐好，靜靜的做上二、三十分鐘的ㄚ冥想，我甚至不會考慮提筆寫作。我在冥想的時間裡複誦ㄚ的喜悅創造之音，收集創造的能量。到了夜晚，當我完成了當天的寫作進度，便以唵的音做感恩的冥想，而我白天在打字機上創作的所有內容，也蘊含同一個音。

這項簡單的功課讓我進入恩典的狀態，內心明白自己與天地間那個創造性的神性勢能建立了穩定的關係，而我對如此非凡的關係由衷感恩。我把這稱為神聖的關係。沒有這層關係，我會顯化不出這本書或其他書。

一旦你理解了這兩個音，知道兩者的振動所蘊含的威力，便會想要將這一份知識化為行動。每天怎麼做這兩個顯化冥想的詳細說明在下一節。

以顯化爲目標的冥想功課

顯化離不開冥想。兩者就像波的波峰和波谷，兩者分離，有鮮明的差異，卻永遠同在。要是你不肯花時間做冥想的功課，你不可能成為顯化內心願望的能手。

冥想不過是靜靜的跟自己相處，關閉腦子裡一直都有的自言自語，不讓內心的空間被填滿罷了。冥想遏阻思緒的連環轟炸，平息塞滿了內在世界的無止境絮絮叨叨。這些內在的噪音彷彿盾牌一樣擋住你，讓你不能認識自己的最高自性。

我們內在的嘮叨獨白大部分是小我的傑作，要讓內在恢復清靜，不受那些獨白的影響，做有聲的冥想是很有效的辦法。頭腦的注意力從數不清的散亂思緒收回來，去觀照聲音本身。這聲音是充當咒語，讓你的意念保持端正，平息內心的囉哩囉嗦。

要運用這個顯化的技巧，進行反覆念誦的冥想，最適當的時間是日出和日落的時候。如果你不習慣在日出或破曉之前起床，請你試驗九十天，好好建立這樣的紀律。假如真的不行，就別管你何時清醒，起床就做ㄚ的冥想。然而你對自己在日出之前起床做顯化冥想的能力，可能有預設的制約信念，所以我要鼓勵你挑戰一下這樣的信念。你相信自己需要一定時數的睡眠、起不了床，或認為天大地大睡覺最大等等，這一類的理由是制約的結果，通常只是藉口。

你要培養紀律，做個自律的人。清晨是最佳的起床時間，尤其是日出之前。在那一份靜謐中，你會覺得跟神很親近。這時的頭腦跟心最清明、最不渙散。你可以感受到療癒與解決問題的能量，就蘊藏在清晨的靜謐中，特別是凌晨三點到六點的時候。想想怎樣才能夠在那幾個小時起床，勇敢的付諸行動，要知道，你在冥想的時候所得到休養，將會遠遠超過你縮減的睡眠時數。

太陽是極其龐大的能量泉源，滋養著我們的星球跟生長在我們星球上的萬物。太陽在早晨剛剛露臉的時候，那照破黑暗的太陽能量是最強的。這是展開顯化冥想的理想時刻。我建議你找個舒服的地方坐下，不必擺什麼姿勢或體位。你最放鬆、最自在的姿勢，就是完美的姿勢。如果可以的話，請在戶外進行，但這絕不是必要的。雙手的手心向上，食指和拇指輕輕相觸。閉上眼睛，以大約二十分鐘時間做這一項早課。

慢慢的做幾次深呼吸，觀照你的呼吸模式還有空氣填滿肺部的感覺。然後，將注意力放在根輪，又稱海底輪（生殖中心），讓注意力沿著根輪與三眼輪之間的通道向上移動。想像這一條通道堵塞了，想像第三眼的空間有一個封閉了很久的開口，而你要用內在的乙太能量打開它。現在做一次更深、更長的吸氣，讓空氣填滿肺部，吐氣時發出響亮的ㄚ音，盡你所能，賦予這個音最多的情感和音量。

專心用ㄚ的音清理這一條通道。趁著你做ㄚ冥想的時候，在心靈畫面放進你想要創造或顯化的事物，別管那些事物會如何出現在你的生活中。（不強求顯化的形式是很重要的，我在法則八有詳細的說明。）想像你的願望在現實的人生中兌現以後的感受，聚焦在那個感覺上。

你用大約二十分鐘的冥想展開一天的生活，冥想時全程都要複誦ㄚ的音，當作持咒。但只有大約前三分之一的時間要發出聲音、要帶有感情。將注意力的焦點放在根輪和三眼輪之間的通道上下移動，將ㄚ的音加到那個焦點上。然後，將注意力停在三眼輪。現在你要開啟第三眼。

你可以感受到ㄚ這個創造之音的內在能量與你的身體共振，想像你在腦海裡看見了第三眼，用這個能量去開啟它，從這個開口，將創造性的能量推進這個有形的世界。想像這能量從你的內在釋放出去，直到它繞行整個世界，並且環繞著你想要的事物。信任這個能量會去串聯天地間的神性勢能，將你想要的事物送到你身邊的世界。這必須跟本書介紹的九條顯化法則一起做到，也就是說，你完全不存疑，全然信任，抱持無條件的愛，而且內心很清楚自己跟萬物都具備這種吸引的力量。

漸漸的，你會感覺到鋪天蓋地的幸福感與平靜感，從這個創造之音湧向你。這時你會覺得需要降低音量。接下來大約三分之一的晨間冥想，誦念ㄚ的音量要越來越輕。注意力集中在第三眼，現在它仍然是開啟的，正在將創造性的能量傳送出去，也專注在你的願望顯化成真的感覺。如果你覺得自己分心了，或注意力飄走了，便將注意力拉回第三眼，感覺你的顯化行動正在讓你的願望化為現實。記住，不要強求什麼，不要指揮神該怎麼做，你在第三眼感受到一種強烈的知曉，在越來越小聲的反覆誦念中感受到幸福。

在晨間冥想的最後三分之一時間，把ㄚ的音當成咒語來默念，將注意力放在第三眼，並且因為你已經完成的顯化工作而沉浸在美妙的感恩之情中，不管顯化的事物會如何出現在你的生活中。等你做完這個大約二十至三十分鐘的顯化冥想，早課便大功告成。

你想要的事物可能有無限多，可能得傾盡人類的全部潛能去實現。有的人用這個冥想為自己、為所愛的人顯化平安自在的生活，有的人專注在治病，有的人則拿來把新的人際關係帶進生命中。有的人把冥想用在賣房子、升遷、戒斷某種上癮症、吸引金錢等等。可能的用途是無限多的。數以百計的人寫信給我，說他們心誠意正的執行了全數九條的法則，也包含了這個冥想，結果大獲成功。

既然這本書你都看到這一頁了，可見你真的有心學習，想要掌握靈性顯化的能力。如果你認清了顯化之力就在自己之內，就按照古法，在每一天的早晨，都以近乎唱誦的風格複誦神的名字，觀照你的感覺和第三眼。你做晨間的ㄚ冥想時，你實際上是在跟「太初有道，道就是神」的經文共振。顯化的行動是在生活裡開創某件事物的起點。道**就是**神，意思就是ㄚ的音就是神之音。

如果可以的話，晚間冥想最好在太陽西下時進行。原因跟前面一樣，太陽在隱沒到地平線底下的時候，會出現日冕一般的一圈能量，在太陽剛剛脫離地平線、隱沒的短暫時間裡，能量是最強的。你在這個時候修練唵的音，就是在做感恩的冥想。我詳細解釋了感恩的原則，就是本書最後的第九條法則。

簡單說，這個冥想跟晨間冥想一樣，唯一的差別是你不會請求顯化任何事物。你只是在白晝將盡的時候，或在就寢之際，向天地之間我們稱為神的那個智性說一聲謝謝，感恩一切已經顯化在你生命中的事物。跟早上一樣做幾次深呼吸，清理海底輪和三眼輪之間的通道，在內心觀想你已經得到的一切，從第三眼的開口用力將那股能量投射出去。你是在把感恩的能量，推送到自身之外的天地間，同時使用我放在法則九的肯定語，這些肯定語也收錄在《顯化的冥想》錄音帶、CD 的引導式冥想裡。

在冥想開頭的三分之一時間裡大聲說出唵，之後漸漸降低音量，直到靜默無聲，全程都帶著感恩之情，將注意力放在第三眼，感受感恩的能量返回天地間，回到我們稱為神的那個能量源頭。唵的音是物質世界之音。在這個物質世界裡，唵的音最能夠帶給我們回家的感覺，畢竟在這個精彩非凡的世界裡，一切體驗的本質之音就是唵。當你複誦唵，你就跟環境水乳交融。

這個冥想的結尾，是你每晚入眠之前聽到的最後一個音。你早晨聽到的第一個音通常含有ㄚ的音。這是你打哈欠或伸懶腰的時候會發出的聲音。留意這第一個音，要心甘情願的承認這是你自己的振動頻率，而你以這個頻率顯化這新的一天。但你臨睡的時候在心裡聽到的最後一個音，可能是ㄚ跟唵的組合。

你可能記得，我在前文給開悟下過定義，就是整個人裡裡外外都沉浸在安然自在中。這裡的關鍵詞是「安然自在」。ㄚ跟唵的音合起來，可以組成代表安然自在與開悟的 *Shalom* 一詞並不是意外。*Shaaah...looom*（沙……洛姆）。你想顯化的那些事物的音、你已經顯化的那些事物的音，合起來等於安然自在。在你漂流到夢鄉時跟自己說這兩個音，是開啟開悟的悉地意識的初步行動。你會跟所有祥和的事物、所有供應給我們的事物合為一體。哈利路亞裡面有代表靈性喜悅的原初之音ㄚ，每次結束禱告時說的「阿們」也有ㄚ，這些都不是意外。

學習跟創造之音、造物之音共振的冥想練習，就到這裡結束。這些冥想是古代智慧的一部分，如今我們置身在靈性革命中，古代的修行方法也漸漸有人知道、有人修練。以三個月的人生做個實驗吧，修練這個精妙、祥和、啟蒙的顯化冥想，全面實踐本書列出的九條法則，看看你不向天地間的神性勢能提出要求或下指導棋，內心的願望是不是就不會實現了。願意讓顯化自然發生、願意等待顯化出來的事物一點一滴的自動出現，是第八條顯化法則的主題。哈利路亞。沙洛姆（*Shalom*）。

法則八

耐心放下對結果的執念

從願望中移除一切強求，
將實現願望的方式和時機
交託給宇宙智性，
這樣的超然會發揮強大的力量。

法則七談到了聲音冥想的應用，強調千萬不要滿腦子想著結果，也別管那個結果會如何出現在你的生活中，將注意力放在你建構願望成真的畫面時有什麼感覺，專注在那個感覺上。第八條靈性顯化法則的重點，就是好好體會你的感受。千萬不要試圖插手，控制你的願望如何實現、何時實現。

以前我教人冥想的方法時，常有人問我這樣的問題：「要是我聽了你的話，做了冥想，買彩券就真的會中獎嗎？」我對這一題的答覆是：「如果你中了彩券，你會有什麼感覺？」答案差不多都是：「我會覺得幸福、有安全感、高興得要瘋了、心滿意足。」這一份心情寫照，才是啟動第八條法則的關鍵。一定要得到**某件事物**，比如中獎的彩券，才會覺得幸福、有安全感、高興得要瘋了、心滿意足，實際上是錯覺。

顯化不是向神或上天提出要求。顯化是合夥事業，你的意圖要跟神聖的智性達成一致。那種智性同時存在於萬物之內，包括你。你跟你想顯化的事物並沒有分離。那事物就是你，你就是那事物。天地間只有一個力量，那力量與你相連。要求神按照你指定的時間跟規劃，將你想要的事物送來，只會強化你的錯誤觀念，把神當作一個獨立在你之外的能量。

想要開始了解第八條法則，一個方法是想像天地間有一種不具個人色彩的智慧。這個離奇的概念或許難懂，卻可以讓法則八更容易駕馭。

不帶個人色彩的智慧

大部分人相信，要是我們認同了別人，自己的個人色彩必然會遭到泯滅，而助長了別人的個人色彩。這種信念來自我們的制約，我們因而受到嚴重的箝制。我們在小小年紀就學到了：「我不是別人，我是我自己。」

要是將這樣的思維套到宇宙心識上，神必然會止於某個點，而這個點是別的玩意兒的起點。宇宙一詞便不能成立，因為神的能量不會涵蓋到宇宙萬物。一邊要遍及宇宙，一邊要認定萬物在自身之外，這根本不符合神的本質。所以說，宇宙智性的本質，是不帶個人色彩的。

無所不在的靈是一種不具人格的生命勢能，它讓萬物得以顯化。天地間的靈滲入一切空間，滲入一切顯化出來的事物，我們全都有分。你置身在不帶個人色彩、高度睿智的生命之海中，生命之海廣布天地四方，充盈在萬物之內，包括你。儘管你受到制約，以為自己是獨立於世的個體，你實際上具備遍及天地間的恢宏本質，有無限的可能。

宇宙智性不會厚此薄彼，你意識到它的存在，它就會回應你。如果你相信凡事只能靠機緣巧合，或是一切都要遵從你的要求，宇宙心識的回應便是把世間百態都呈現給你，沒有秩序可言。但是當你不再認定自己是一個具備個人智慧的獨立人格，你會開始感受到煥然一新的明晰。

請你站在那個遍布天下、不厚此薄彼的智性的立場上問問自己，這個宇宙心識跟你的關係是什麼。既然它是每件事物、每個人的根本與支柱，就不可能有「最愛」。它沒有個性，不可能對你的願望有意見。它廣布天下，不可能單單漏掉你一個。

這些話都在說明這個創造萬物的宇宙心識，會在你明白自己與它的關係後回應你。這一條天下共通、遍及一切的法則，具有跟你一樣的特質。等你破解了小我之謎，你對於自己應用這第八條顯化法則的能力，會生出新的智慧。

你不可能窮盡那無窮的，既然你握有無窮，就表示你可以隨心所欲，把無窮化為你想要的樣子。你要掌握宇宙之力，就要提升自己，把自己拉到跟宇宙一樣高的層次，而不是把宇宙拉下來，降到誤以為個人跟宇宙是分離的層次。只要你認出它，它便會被吸引到你身邊，不用請它認出你、然後把你帶到它身邊。你以前學的道理是另一套，可能會覺得這邊的說法有些費解。但你一定要弄懂，才能夠繼續在顯化之路上前進。

承認那個遍布在天地間的是整個你的一部分，而整個你不是從一切萬有裡面分裂出來的。經常溫習這一份新的覺知。要知道，如果你沒能認出那個遍布天下的並沒有分裂，它展現給你看的樣貌就會是分裂的，成為你無法掌握的混亂能量，是混沌而不是秩序井然的宇宙，你會跟自己想要的一切分開，因為你落入了分裂的系統裡。

所以，從你的願望移除一切的強求，轉向內在，明白你是在將宇宙智性帶進你的生活，而你會將實現願望的方式和時機都交託給那個智性，不批判，不強求，不堅持個人的偏好。你自己心裡有數就夠了。耐心的放下對結果的執念，這樣的超然是有力量的，培養那個力量。

耐心無窮的力量

《奇蹟課程》有一句發人深省的話：「對結果已經很篤定的人經得起等待，不會焦慮。」篤定就是無窮耐心的支柱。篤定的概念跟耐心相輔相成。當你信任並知道自己跟那個遍及天下、供應一切的智性是相連的，你會果斷的擁抱耐心的美德。你不會限制顯化的時間，你會照常做自己的事，內心則明白：「我有的是時間，也清楚結果會如何，所以我會順其自然，等待顯化的時機到來。」

要做到耐心十足，祕訣就是對結果感到篤定。當篤定顯化在你身上，它會呈現為信任、了然於心的感覺，如此你就可以轉移思緒，不專注在你想要的結果上。當你不生氣、不焦慮，就可以把心思收回來，做好你每天的正事。

有了那一份了然於心的感覺與無窮的耐心，你會氣定神閒。你在身體力行全部的靈性顯化法則，細節則交給上天去安排。你從內心深處知道，自己想要的事物已經存在，你所追尋的一切都已經給你了，油然而生的幸福感便是你內心專注的焦點。於是，你想讓願望立刻實現的壓力就消失了。

這種內在的幸福感，是無限耐心之力的功能之一。《奇蹟課程》隨後便提醒我們：「對上主之師來說，耐心是很自然的事。他只知道所有的結果都是必然會發生的，即使一時看不到結果為何，卻不會有疑慮。」對結局老神在在、不在乎細節的概念，實在深得我心。

當我們失去耐性，其實是在貶低自己的身價，小覷了我們與神聖的聖靈的連結。不耐煩，就是信不過那個天地間的智性，這又意味著我們與那個供應一切的靈是分離的。耐不住性子，表示我們放任小我掌管我們的欲望。我們得解決這種形式的妄自尊大。

當你對結果感到放心、不在乎過程和時機，你便掌握了無窮耐心的力量，同時，你對結果不再有執念。有了這樣的超然，你可以照常過日子，帶小孩、工作、運動、冥想、與神交流，只是耐著性子觀察一切。當你信任自己與那個天地間的智性是一體的，自然會有耐心。

有個培養耐心的方法，就是仔細想想這一向以來，神對你有多少耐心。當你拒絕接受事實、自虐、自怨自艾、心懷怨恨，神對你有無限耐心。當你偏離神聖的道路，神不斥責你，不懲罰你，對你不離不棄。這就是你要培養的那一種耐心。

無限耐心是信任的表徵，會招徠無限的愛在你的生命裡給你一個交代。當你放掉不耐煩，你就跟神性勢能一致，不會再焦慮你的人生缺了這個、少了那個。焦慮引發恐懼與自憐，讓你對時間斤斤計較。當恐懼帶來的不耐騎到你頭上，你會喪失那無限的自己，又一次任憑小我拿主意，小我對任何涉及無限的事可沒有耐心。

小我想要什麼就要什麼，立刻就要。假如沒要到，小我會說服你這地方爛透了、誰都不能信只能相信與眾不同的小我，即使一向都是小我在製造匱乏感。假如你真的滿足了小我的要求，隔天它會給你一份新的要求清單。你繼續為這些新的要求奔波，越來越焦慮。只要小我主宰你的人生，這種情況就不會改變。

但是當你認出自己是無限的，認出你與神性勢能之間的關聯，你會知道神對你耐心十足，不論你蹉跎了多久才回頭，不論你曾經流浪了多遠，不論你以前如何不聽勸。

抱持無限耐心的效果，幾乎立刻就會出現在生活中。當你放下堅持，不強求要在當下滿足你的欲望，你就自由了，敏銳的感覺到你的願望確實已經在當下實現，只是還沒如你所願，出現在你身邊。你有無限的耐心，你清楚現狀就是你的理想現狀，凡事都不是意外，而你乍看之下缺了什麼的人生，不過是小我製造的錯覺。

這樣的覺知會驅散不耐，你不會做了顯化的冥想就急著看到結果。你會專心處理日常的事務，明白你不孤單。你耐得住耐子，能夠默默的感恩已經顯化在生活裡的一切。有些人被灌輸的觀念是我們要追求目標，拿到成功的表徵，累積各種成就，才能夠感受到自己的分量，在我們的文化裡如魚得水，對這樣的人來說，耐心靜候結果而不執著的概念就很陌生。你憑著無限的耐心而安然自在，安然自在就是開悟的奧義。

下面是一份生活指南，教你怎樣一邊努力讓某些事物在你的生活中顯化，一邊又看似矛盾的毫不在意顯化的時機與形式。

行動計畫：將耐心的超然態度一步步融入顯化修練中

- 了解你想要的事物的實質內涵。你想要的事物不一定能歸類為**東西**。假設你想顯化金錢，留意你關注的標的是金錢，還是財務安全的體驗與感受。問自己你打算拿錢做什麼。專注在你渴望的事物所帶給你的喜悅感受，而不是一輛新車、一位新老闆、一位不同的合夥人。那感受才是你欲望的實質內涵。

這內涵永遠都在你體驗到的感覺裡。當你留意內心的感受，就可以從需要透過外在事物得到滿足的狀態，變成專注在滿足的感受上。欲望的核心內涵是一種幸福、喜悅的感覺，與天地間的靈同一陣線。然後，你會在生活裡遇到許多事，這些事會帶領你走上內在的捷徑。這些事物不見得是你原先以為自己想要或需要的事物，可能是截然不同的東西。

也許你覺得自己真的想要顯化出更高的收入和升遷，但如果你挖掘這個願望的核心內涵，你想要的可能是更高的安全感與幸福美滿的感覺。不要執著在世俗的升遷和加薪。與其如此，將你的顯化能量放在你渴望的核心內涵，也就是得到更多的安全感，少一點壓力。你大概會開始看到生活裡發生一些事，緩解了你的焦慮。再說一遍，你得到的事物，可能跟你原先以為想要的事物沒什麼關係。

- 驅散疑慮，進入篤定的境界。去除一切懷疑，你有能力把願望的核心內涵顯化出來。每次你起疑，就溫習截至這一條為止你閱讀過的全部內容，提醒自己，你跟宇宙智性是同一回事，宇宙智性就在萬物之內。對於這一點，你心裡有數，你知道自己可以連結這個能量，將願望的核心內涵變成現實。我建議你複習本書的第二條法則，如果想要進一步鞏固相關的概念，就看《你神聖的自性》一書的〈驅散疑慮〉全章內容。

當你不再懷疑自己顯化的能力，就可以輕鬆放下執著，不計較顯化的結果與細節。你信任自己，相信你只需要宇宙的神聖能量。

● 放下期盼，照常做你的正事。一旦你從第三眼的開口將丫的冥想推送到天地間，就忘了這回事，去做你平日裡該做的事。不要一直尋找懷疑自己的理由，不肯相信你有能力把想要的事物吸引過來。

在你混亂不堪的時期，神對你有十二萬分的耐心，你也要拿出相同的耐心。你會在靜默的內在知曉中、在你與神的關係中得到慰藉。

你心裡很清楚自己即將顯化出什麼，因而生出嶄新的平靜感，帶著這一份平靜進行平日的工作與休閒。全面保持超然，不要評估、計算什麼已經顯化了、什麼沒有。

其實，在你的願望顯化以後，可能還需要一段時日，你才會意識到已經實現了！也有的時候，你會注意到願望正在逐漸實現，然後才察覺你之所以沒有在第一時間看出來，是因為你早已放手，將細節交給神去安排。這也代表你已經駕馭了這條法則，做到對結果保持耐心的超然態度。

- 願望要密而不宣。如同前述，告訴別人你為顯化所做的事會削弱你的能量，因為你的能量會改變流向，去滿足小我博取別人認同的需求。你要讓顯化的能量鎖定目標，盡可能保持純粹。此外，保密也是為了避免浪費自己投射出去的能量，被用在照顧小我的需求。

當你保持耐心的超然，也就不再需要別人認同你的努力。當然，也許你最後會想要公開自己靈性顯化的成果，但在你仍然與神一起打造這個神聖體驗的期間，盡一切努力保持低調。假如你想在大功告成之前就告訴別人，有這種心理需求就代表你聚焦在結果，你沒有放下執著。

● 留意你的願望正在顯化的跡象。記住，顯化的事物出現在生活中的形式，不見得會符合你的理性腦的想法。你沒見過的事物可能會出現在你的生活中，見到的頻率還出乎意料的高。

你也會更常察覺到自己的想法在生活裡顯化了，注意到你的想法與這些顯化出來的東西之間是有關聯的。你實踐這一套顯化法則時，會更容易一眼認出你以前視為巧合的事。你想著自己需要幫手，就有人來幫你。你會發現原本只在你心裡的東西、已經淡忘的事物，現在卻越來越常出現。

會有人提起某一部電影、某一首歌或某些顯然不相干的東西，而你三番兩次聽到，或是你說想要看某一部絕版的電影，然後就在同一天，你常去的錄影帶出租店進了那一支影片。留意你的思維跟你想顯化的事物之間的關係。這樣愉快又出乎意料的跡象，會開始在你的生活裡大量湧現。

這些共時性的事件之所以發生，是因為你開始在生活中，保持更高度的覺察。你主動去連結天地間一切能量的源頭，這源頭以前是在你的意識層面之下，但現在開始浮現了。仔細注意浮現的跡象，輕輕告訴自己：「這真的有效。我看到了成果，我知道這都是因為我使用了顯化法則、做了冥想。我會再接再厲，默默做下去。」

- 線索來了，就要立刻承認。承認你想顯化的事物已經有了降臨的早期跡象，等於是給你內在的能量充電，並且肯定了天地間的神聖智性。這樣的承認是延續顯化程序的必要條件。

看到線索開始出現，就默默道謝，對自己說：「我連結天地間那個能量源頭的成績已經出來了。我注意到有一位主動提供協助的人出現了，我知道這個人是神送到我身邊的。我很感恩，我會竭盡所能，將顯化的成果用在造福人類，而不是滿足小我的要求。」

- 別把你得到的顯化當作是特殊的眷顧。在天地間，我們稱為神的那個智性沒有個別的人格，不會青睞你或任何人。將顯化當作另眼相待，會踏上跟神討價還價的路，代表你相信自己跟其他的生物是分離的。執行顯化的程序是一種靈性的修持，因為顯化就是承認你與一切能量的神聖源頭是一體的。

一體不會給人打分數，判斷誰比誰更有資格得到豐盛。這個神聖源頭無所不在，存在於萬物中，而你是它的一個小型粒子，當你承認你們之間的連結，敞開心胸，接受它在你的生活裡運作，它就會出現。

感恩是這種意識的重要環節，也是本書最後的第九條靈性顯化法則，但我們不是要感謝自己得到特別的眷顧。小我樂得讓你以為自己很特別、與眾不同，所以有資格要這個、要那個，這是小我壯大自己的方式。小我情願你認為顯化是特別的眷顧，因為如此一來，你會更相信自己跟源頭是分離的。

你的願望能夠顯化，是因為你與創造的源頭無縫接軌，是因為你完全不設限，沒有禁止什麼進入生命。小我會努力說服你，說你的願望能夠顯化是因為你很特別，神才會給你最豐厚的祝福，實現你的願望；請你無視小我的說詞。

你該做的是感恩，將這些祝福用在造福他人，並深深感激自身的靈性本質。你不再只認同肉身的身分，接受你無限的靈魂才是你真正的本質。你能夠成功顯化是基於這一份認知，並不是因為你鶴立雞群。再一次記住，天地間那個稱為神的智性不可能在萬物之間鶴立雞群，因為它無所不在，位於萬物中。

● 將一切障礙視為功課，遇到障礙不代表失敗。記住，你在修練耐心的超然態度，不執著於結果。如果事情乍看之下不順利，別拿來當作鐵證，宣稱那證明了宇宙能量不存在，宇宙能量可是你的本質。

這也是小我的伎倆，它要你相信當家作主的人是它，而不是神。要是小我讓你相信本書的內容都是胡說八道，遇到障礙則證明神冷落了你，你又會被它牽著鼻子走。

凡是你在生活裡發生的事，都是該發生的事。這包括人生的低潮，低潮給了你提升覺知狀態的能量。

顯化是一種較高的覺知狀態，你不會覺得是反覆無常的環境跟一位掌管萬事的老大，在把你推過來又推過去。每一道障礙，不管怎麼艱難，不管怎麼巨大，都是在考驗你的信心，看你能不能保持內在的知曉不動搖。

當你想要的事物沒有照著你的計畫顯化，提醒自己，你有無限的耐心，不會計較顯化的時機。我們的人生在遇到好事之前，通常要先穿越低潮，低潮來臨時，我們並不確定自己應付得來，我也不例外。但你穿越了低潮，我也是，而我了然於心，在我們的靈性成長之前，一般也會經歷某種挫敗。對這些挫敗，我通常心懷感恩，而不是沮喪。

我非常清楚自己的顯化能力，足以把我願望的核心內涵顯化出來，所以我耐心十足，即使面臨看似無法克服的問題，也不會懷疑顯化要怎麼發生。記住，當你有無窮的耐心，你不會在意顯化的時機。當你不在乎顯化如何降臨，便不會失敗。這一套真的有效。對此要了然於心，放手讓宇宙安排所有的細節。

- 做顯化的功課要放下一切的批判。宇宙的律法不是二元性的能量。它跟我們人世間採用的二元論不一樣。它不按照好壞、對錯的基礎來運作，不區分是非善惡。只有一種能量充盈在萬物之內，萬物都是那種力量的一部分。宇宙的律法是平衡的，這是它的本質，所以不管你有什麼願望，願望都不能跟神聖的宇宙源頭有衝突，要認同它，萬物的生命能量可都是從它那裡來的。

因此，你要心甘情願的放下論斷的傾向，對於生活裡遇到的人事物，不要去區分對錯、好壞、美醜等等。你的評斷會阻礙宇宙的能量流進你的生命，也會讓你跟那個神聖力量起衝突。倒不是說你會挨罰，但自然流進你生命的能量流，會因為你喜歡評斷而改變。

你的顯化能力，主要是看你願不願意脫離集體的無意識——也就是構成了人類整體信念的集體論斷。你認同了世俗的信念模式，採納無數的價值論斷，這些會抑制你的顯化能力，干擾你實現內心的渴望。卸除這些信念，是你最艱鉅的人生挑戰之一。

務必脫離集體的無意識，停止論斷，全面放下集體意識的信念，大無畏的進入未知的世界。你戒斷批判的習慣時，大概會感到失落，也許還會覺得寂寞。然而這不是沒有回報的，你的眼界將會開始擴展，也能容得下別人的信念，尊重那是他們的認知。但別人的認知跟你所知的事實不見得一樣。你將會知道，集體意識所認定的能力極限是錯誤的。

你不用去衝撞集體意識，因為你的振動頻率將會提高，進入不受限制的層次。人間的物質界有其限制。物質界憑著宇宙的智性而存在，而現在的你就是棲身在宇宙智性裡的住民。你要躍升到新的層次，就要放下一切的批判，凡是那個無限供應的能量所送來的事物，你都照單全收。

也許那是你在海邊散步時撿到的名片，也有可能會是以書籍、錄音帶的形式出現，或是一張被誤投到你家信箱的別人的紙條。這些都可能是線索。對於那些事物將會如何出現在你的生活裡，別用理性的思維去推測，至於你見到的絕大部分人，他們的信念已經被人類的集體判斷滲入，你要拒絕被他們影響。善用這個宇宙智性，時常留意它顯化了什麼出來，基本上，你生活裡的每個事件都有它的蹤影。

你要留意什麼進入了生活、什麼消失了，同時盡量不要下判斷，全心全意的接受，不要隨著自己的思緒起舞。頭腦會想要說三道四。記住，你正在認真的感覺你想顯化的事物已經進入你的生命。頭腦會跟你說才怪，而你要學會打斷頭腦的評斷。也許你在跟自己說：「我經濟寬裕，生活幸福。」然後頭腦反駁你：「並沒有。」於是，兩股對立的能量打架了：你的願望跟你的頭腦對峙，而頭腦充滿了論斷跟負面消極。

這樣的對峙是警訊，表示你不能進入顯化的境界。在你澈底鏟除你從集體無意識接收的負面思想之前，你不會是顯化高手。你得進入新的境界。進入新境界的方法不是離開人世，而是踏上向內走的旅程。

在內在的世界，凡是你能夠想像的事物，實際上現在都是你的一部分。要是你帶著「經濟寬裕、生活幸福」的宣言進入那個沒有批判的內在世界，你的宣言便會引導你感受到自己的寬裕與幸福。這樣的感覺會牽引你採取新的作風。不管遇到什麼事，你都會用積極正面的態度回應，開始在心裡感受到自己確實寬裕而幸福。不要論斷，只要讓心裡始終覺得，你想要的一切都顯化了。

記住，宇宙的律法是中性的，天下共用，也不會管你內心的願望是否實現。所以，你一定要懷抱熱忱，毫不批判的走上顯化之路。你來收下已經在這裡、屬於你的東西，你內心沒有疑慮，只有熾熱且不為人知的決心，要收下此刻與你內在世界的不批判能量完全同頻的事物。這律法對人一視同仁。它收到你的能量，看看你在裡面都放了些什麼，便給你一模一樣的東西。務必信任這能量，絕不批評它何時會用什麼方式把東西交給你。

頭腦會想用邏輯進行分析，但顯化跟邏輯分析沒關係。頭腦會負面思考，堅稱你太老、太笨、太沒資格，說你從來沒贏過，說你以前許願要求的東西並沒有出現，沒理由相信現在會改觀。頭腦跟小我就是這樣，緊緊抓住過去的結果與往事不放。頭腦是根據你從集體的部族意識繼承的信念，以及你在這個物質界誕生以後建立的全部制約，建構出一套信念體系，作為思考的依據。當你收到頭腦給你的建議，跟它說你知道了，謝謝它的意見，然後你要對自己說：「我的內在充滿了沒有極限的力量，凡是跟這股力量格格不入的能量我都拒絕接受，我要繼續顯化我要的事物。」

宇宙的律法遠遠比頭腦恢宏。記住，它沒有極限，無邊無際，無所不在。它所在的維度比頭腦更廣闊。所以，頭腦根本搞不懂宇宙的能量源頭。頭腦以為自己握有一切的經驗和覺知，而你就是用這樣的頭腦，在肯定或否定所知範圍之外的其他事物。真是天大的矛盾。

但你可以開始信任頭腦的渴望，辦法就是超越頭腦。冥想與直覺是兩個代替頭腦的管道。重點在於放掉集體無意識的信念，拒絕論斷，沉住氣，等待宇宙的源頭為你安排，將現在跟你的內在世界無縫接軌的事物送來。

- 從安然自在、了然於心學會放鬆。不執著於結果的意思，就是不要在生活裡陷入急切、催逼的狀態。想像有一顆栽種在土地裡的橡實，正在顯化為一棵橡樹的過程中。想像你在播種三週後，便將橡實挖出來檢查成長的狀態，尋找能夠加速成長的辦法，試圖讓它按照你規定的時間表長大。顯然，這顆橡實跟橡樹，會因為你拚命催趕著它長大而死。

宇宙智性以自己的完美節奏來做事。等你做到了本書詳細解釋的九條法則時，它會完成你的託付。當你不再有自己豢養出來的疑慮，全然信任在萬物中的這種能量，包括你打算吸引到生命中的事物，保證你會如願以償。想要建立耐心十足的超然態度，就要放鬆、信任、不催趕。

如果你有催趕、逼迫的傾向，就表示你的頭腦仍然在懷疑，在急著看到結果。你要有能力去信任自己的感覺，讓感覺主導你的生活，不讓小我當家作主，這是你成功顯化願望的關鍵。

● 用肯定語維持能量的流動，放下對結果的執念。在這方面，我能給你最有效的一句肯定語其實很簡單：「我是無限的，我遍布在宇宙間，我信任宇宙的神聖力量，這力量也在我之內。」這句話要隨時放在心上，用它讓宇宙能量持續流進你的生命。每天複誦這一類的肯定語，你會放下頭腦不耐煩、執著於結果的天性，讓源頭暢通無阻的流進你的生命。

從你內在的能量空間，看見你的日常生活一切如意，明白會有適當的人出現，協助你完成顯化。敞開心胸接受你的能量，看著自己在每一天的每一次經歷裡輕鬆愉快的進化。

在早上宣讀這一句肯定語，你會回歸自己的心，肯定自身的無限美好，明白不論今天遇到什麼人事物，你都已經待在完美的位置。這句肯定語會成為你的防護罩，幫你擋住集體無意識的負面思想，以及不再跟你的內在世界契合的消極信念。

*

第八條靈性顯化法則就到這裡結束了。法則八的中心思想，是超越從你誕生就與你同在的頭腦跟集體心智。法則八要你沉住氣，不理會那個要求看到結果的頭腦，別滿腦子都想著結果會如何，去信任某個頭腦想不通的玩意兒，而且還是身體的感官感應不到的玩意兒，因為我們的感應能力有限。法則八要你讓內心最深處的感受引導你的生活，並信任這些引導。最重要的是，法則八要你允許自己認識並看見活生生的靈綻放著無窮盡的白光，這白光環繞著你、保護你，供應你內在之靈所需的一切，你的內在之靈可是無限的宇宙之靈的一部分，凡是你的內在之靈想像得到的東西，宇宙之靈都有辦法給。

一旦你精通了無限耐心之道，便證明你能夠信任某個在自身有限的身心之外的玩意兒，你會平心靜氣的等待願望以適當的方式，在適當的時機顯化。

最後的第九條靈性顯化法則，則是我們要永遠感恩、慷慨、服務他人。

法則九

感恩並慷慨分享顯化成果

感恩是以一聲謝謝的形式，
向存在於萬物之中的神性勢能，
表達完整而無條件的愛。

在靈性顯化的神奇過程中，最後一條法則是主動表達謝意，大方分享成果。由衷的感恩與慷慨的精神，是你跟本書其他八條法則和諧交融的結果。

感恩是指你感謝宇宙能量的貢獻，因為它跟你的願望共同運作、融為一體。

感恩的本質

感恩的本質是人類掏出滿滿的心意來回應宇宙萬物。在感恩中，沒有疏離感或分離感。感恩代表我們全面肯定並感謝宇宙的能量流經萬物，將能夠滿足我們願望的事物帶過來，當作禮物送給我們。

感恩表示你明白凡事都不是理所當然的，最重要的是，感恩是以一聲謝謝的形式，向存在於萬物之中的神性勢能，表達完整而無條件的愛。感恩是一種全然沉浸在內在的寧靜中、與神性勢能合一的方式。感恩是承認我們自身之內的那個靈，與那個供養這個星球上所有生命的靈是同一個。

所以，感恩代表完完整整的我們自身。當我們覺得感恩、想要道謝，比照我們請求顯化願望的方式，將感恩的慈愛能量送給世界，我們會覺得自己完整了。感恩讓我們跟感恩的對象拉近距離，更加緊密的相連。感恩容不下任何與神分離、疏遠的感覺。感恩的本質能幫助我們改變心念，不再認為我們擁有的不夠多、我們永遠得不到充足的供給、我們本身就是不夠好。

當你的心充滿感恩，感恩的對象是一切，無法聚焦在你沒有的事物。當你把注意力放在匱乏，你是在告訴宇宙之靈你需要更多，而你對已經擁有的一切並不感激。感恩的本質是支援我們的圓滿與豐盛，要我們承認自己接受了別人、生命、宇宙之靈的慷慨付出。

在感恩的帶動下，我們掏出愛心來對待天地萬物，你會珍惜自己與萬物的關係。這一份關係為我們揭露萬物之間如何互相連結、互相依賴，包括顯化在我們生命中的事物。當我們了解感恩的本質，就可以更明確的認出導致我們難以感恩的內在障礙。

感恩的障礙

感恩是一種內在的活動。那是一種感激的態度，即使現狀似乎不理想。魯米寫道：「別為了不會來到的事物哀傷。有些事情沒能發生，反倒擋住了災難。」感恩是一種從愛的角度體驗世界的方式，而不是論斷。讓人難以感恩的三大障礙來自你的精神活動，各自代表一種會破壞感恩之情的思想。

一、吹毛求疵

你一定聽過「找碴」的說法。但在相同的情境下，卻幾乎不會聽到誰說「找愛」。絕大多數人念茲在茲的是找碴，不是找愛。

你永遠可以選擇是要找愛，還是找碴。找碴看的是哪裡錯了或缺了什麼，呈現的形式是批評、論斷、氣憤。在感覺方面，找碴是**排斥**顯化在世界上的事物，而非**認可**自己得到的事物。

前面的幾條顯化法則解釋過，務必記住我們腦子裡想些什麼，什麼便會壯大，那句「一個人怎樣思量，為人就是怎樣」就是這個意思。如果你把腦子用在思考哪裡不對、缺了什麼，你會顯化出一模一樣的情境。你顯化出來的事物，是根據你的內在世界打造出來的。找碴而不感恩，不尋覓愛的蹤跡，保證你不能跟著神一起開創人生，實現你的願望。

之所以有找碴這回事，不是因為你在自己的世界裡發現了碴，而是你內在的觀察者**選擇**抱持挑剔或憤怒的觀點。

二、埋怨

我有一句用了很多年的座右銘，句子極其簡單，卻是破除這一道感恩障礙的利器：「不抱怨，不解釋！」

愛發牢騷的人老是覺得自己被虧待、被剝削，看到別人似乎擁有自己人生裡缺乏的事物就眼紅了，內心苦澀。他們覺得自己孤伶伶的，好事、樂事都跟他們絕緣。因為圓滿的人生似乎是別人的，滿心怨尤的人毫不感恩。

想要變成顯化個人願望的能手，絕對不能不建立無條件的愛的心態，要允許自己去感受生命給你的支持與贈予。內心經歷到的怨尤跟剝削感，會讓人氣憤天地間明明就有無窮無盡的供給，宇宙源頭卻不肯給你。光是以怨天尤人的態度過日子，就能保證你在以後的人生裡，仍然會覺得被虧待。埋怨是內在的世界缺愛的表現。當你感受到愛，心裡就擠不出餘裕，去氣惱神沒有滿足小我的要求。

小我隨時都在下指導棋，說你有更多的需要跟想要，還宣稱埋怨是有用的。問題是小我貪得無厭。不管你如何餵養小我，它都是才剛吃飽，就立刻開出一份新的要求清單給你。要是你給它酒，讓它醺醺然，給它性愛，讓它欲仙欲死，給它毒品，讓它嗑到嗨，給它金錢、給它車、給它任何你想到的東西，隔天早晨，它會給你另一份要求清單，這回的清單居然還更長。小我永不知足，它奉行的口號是越多越好，如果欲望不是一冒出來就立刻得到滿足，就覺得自己有抱怨的資格。這樣的態度是培養感恩之心的巨無霸絆腳石，也不利於你將內心願望的實質內涵給顯化出來，是極其龐大的障礙。

三、覺得你擁有的一切都是理所當然的

認為你生命裡的人事物都是本來就該有的，你便感受不到懷抱感恩之心可以嘗到的喜悅，一絲喜悅都不會有。覺得一切都天經地義，表示你在每時每刻的人生裡，都對身邊的大量饋贈毫無知覺。

想想有哪些活動、經歷如果突然消失了你會很懷念，開始認清人

生裡沒有哪一件人事物是理所當然的。好好擦亮眼睛，做個見愛眼開的人。提醒自己，沒有哪一刻是平凡的。跟孩子把球踢來踢去、在清晨欣賞浮雲的形狀、聆聽四季的聲音、跟心愛的人說晚安——每一項生活的體驗都是一次機會，你可以拿來品嘗感恩或是感恩的反面，也就是厭倦的感覺。選項永遠存在。

選擇渾渾噩噩的過日子會驅散感恩，但想要成為顯化高手，感恩卻是不可或缺的。如果你認為一切都是你理應擁有的，對你擁有的一切既不開心，也不感激，那你絕對看不見眼前的線索，根據線索的提示採取行動，顯化你的願望。也許你會遇到適當的幫手、收到意料之外的禮物，而那就是為你啟動顯化過程的第一步，但你的回應卻是聳聳肩，完全提不起理睬的興致，也就收不到後續的福利了。保持警醒，由衷感謝每一件人事物。

要改變不知感恩的態度，只要抽出一點點時間，想像要是失去你擁有的一切福分，人生會空虛成什麼樣子。往往，我們不懂得珍惜心愛的人跟宇宙送來的所有禮物，直到一切都太遲了，只能看著那些人事物離開我們的生命。在這方面，我時常想起自己跟孩子們的關係。我知道要不了多久，他們便會離開這個家，跟自己建立的家庭共度人生。往往，我坐在那邊想著想著就讚嘆起來，感受到我對他們每一位的深愛。**內子瑪塞莉娜跟我有個習慣，就是張開手臂抱住孩子們，說我們何其有幸，人生裡有他們幾個孩子的存在，實在很榮幸能夠成為他們的父母。**

這樣的示愛舉動讓我們不將彼此視為理所當然。向祖父母、同事、配偶，甚至是你搭乘的飛機的機長說謝謝，是從麻木無感的窠臼走出來的一個方式。不再繼續把生命看作理所當然。用讚賞的眼光看待人生，培養感恩之心。

讚賞與輕視

我們輕視某件事物，就是在貶低或削弱它的價值。我們對某件人事物的輕視，表現在我們對它的不認可或不喜愛。當我們讚賞某件人事物，就會用認同跟讚美來賦予價值。我們欣賞事物的用意，是增添它們的身價。

我們對自己不珍視的人事物，不可能生出感恩之情。開始看見人事物的真實樣貌，無視你對它們的評價，你的評價不過是你心裡的論斷。每個人都是神的兒女。從你見到的每個人身上，看見正在展露容顏的神。如此，你就可以讚賞他們。如果沒做到這一點，你就貶低了他們。

你體驗到的苦痛、空虛、恐懼，是因為你貶低了人生境遇的價值。想想你時常批評的所有人事物，就曉得你有哪些疏於讚賞的人事物。如果你看不慣黑人或白人、穆斯林或猶太人、伊拉克人或美國人、年輕人或老年人，你是在貶低整個族群的人。從你開始貶抑他們的那一刻起，你就箝制了自己體驗感恩之情的能力，進而阻礙了你顯化成功、愛、喜悅的能力。

基本上，輕視的行徑代表你感覺不到生命之美。與其強化小我的錯誤認知，不如做一個懂得讚賞的人，從你面前的那個人身上或整個族群的人身上，看見向你綻放的基督之光，進而成為一個顯化高手。

培養感恩的態度

我們要開始養成感恩的習慣，下面提出幾個建議。調整自己的心態，對自己這個人的一切感恩，也對自己擁有的一切感恩，以此培養顯化的能力，將你願望的實質內涵顯化在生命中。

- 建立自己是接收者的意識，你不是受害者。基本上，你這輩子擁有的一切都來自別人的付出。你的家具、車、住家、衣物、庭院，對了，甚至連你的身體在某方面來說，都是別人的饋贈。沒有那千千萬萬人的合作無間，那許許多多的東西就不會出現在你的生活中。

  就算你是「白手起家」的人，要是沒有你當初拿來打天下的最最基本的配備，你不可能撐得過「白手」的階段。只要每天都提醒自己這項事實，感恩之心會漸漸取代憤世嫉俗。

- 當你開始看見自己的願望在宇宙源頭的協助下顯化，在心裡默默的道謝。只要私底下說簡單幾句話就好，比如：「神啊，謝謝祢，我看見祢在我生活裡的付出，我要向祢表達我的愛，感謝祢帶給我的一切。」像這樣子悄悄在內心堅定的提醒自己要感恩，你在前文讀過的感恩障礙就擋不了你的路。

- 做一個樂於開口道謝的人，讓身邊的人知道你有多感恩他們的存在。認真的告訴家人你有多愛他們，不要只是虛假的裝裝樣子。誠心誠意的大聲說出你們的家有多可愛、你有多感恩，或是對幫你洗衣服、烹調美味餐點的人說一聲謝謝。道謝的態度要真誠，你很快就會看到對方也真誠的回覆你，向你表達他們的喜悅。

你可以把感恩之心用在陌生人身上。做做舉手之勞，比如將購物車推回店面去，別停放在停車場，或是服務生給你無微不至的服務，你就謝謝人家的用心。你越是不吝於表達感激，越能夠灌溉你體驗到的無條件的愛，而你很清楚，無條件的愛是顯化的祕訣。

● 要感恩，盡量不發牢騷。記住我的個人口號：「不抱怨，不解釋！」在你又要挑人毛病、嫌棄某些狀況的時候，及時住嘴。想想要說什麼話，才能反映出你是樂於看見愛的人，比如：「大概沒有人教過他們，這項工作應該怎麼做才好。」而不是：「這年頭都沒有會做事的人了。我看這世界要完了。」

你越是不批評、不抱怨，內心可以拿來容納愛與感恩的空間就越多。給自己設定一段實踐不抱怨、不挑毛病的時間，也許三十天。你會感覺到自己內心的怨念跟怨言漸漸清空，轉而敞開去接受愛、讚賞、感恩。無條件的愛會出現，引導你回歸自己的根本，這時，就有可能成功顯化你的願望。

- 在每天的一開始跟結束時，各表達一次你的感激與謝意。每天早晨醒來時，你就收到一次日出的恩賜，有二十四小時可活。這是一份寶貴的禮物。你得到了大好機會，可以開開心心的度過這一天，感恩你遇到的每件事物。

  深深吸一口氣，將生命與愛都吸進來，感恩這一次深呼吸的暢快體驗。同樣的，結束一日的生活時也要表達你的愛，最後說出代表平安自在之意的 *Shalom*（沙洛姆）。這個字結合了顯化之音與已經為你顯化出來的受造物之音。

- 注意，你也要感恩人生中的苦痛與掙扎，那是你人生的一部分。

有時候，我們很容易只顧著氣憤自己受過的罪，不願知道苦痛是刺激你展開追尋、覺悟的催化劑。

你能夠體會到仁慈與愛的威力，多半是因為你曾經走過黑暗與痛苦。要不是有那些遭遇，你還在原地踏步呢。上癮的不良癖好教導我們樂在純樸。憤怒教導我們愛的喜悅。忘恩負義教導我們感恩的必要。囤積教導我們施予的樂趣。你的痛苦教導你如何活在當下、待人以愛。

你長的水痘教導你以後不得水痘的方法，給你的免疫系統形成抗體的機會。生命會考驗你！對這些考驗要感恩，不要批評。

- 記住，念頭是會越養越龐雜的，這是念頭的特性。你越是把念頭集中在自己缺少的事物上，匱乏感就越重，說出口的怨言就越多。同樣的，你越是感恩，對人生給你的一切表示謝意與認同，你對豐盛與愛的體驗就會越積越多。你越常表達謝意，即使只是在一些小地方，你感受到的豐盛也會增加，最後，你吸引到自己身邊的事物就會變多。

我做了很多年的其中一件事情是每回撿到銅板，不管幣值多少，一律跟神說一聲謝謝。對我來說，出現在我所到之處的銅板，就是成功興盛的象徵。這邊撿到十分，那邊撿到一分，人行道上撿到五分。銅板頻頻出現，彷彿存心要我一遍遍的想起已經顯化在生命裡的一切。我會爽快的撿起銅板，說道：「神啊，謝謝祢。我知道祢在我的生命裡運作，感謝祢給我這個象徵。」每次我收到這樣的銅板，都會記得要想一想，我可以用什麼形式對別人慷慨付出，讓我收到的好處可以傳遞到別處。我們終究要在慷慨付出、服務他人之中，將感恩之情散播出去。

慷慨付出與服務他人：顯化的最後步驟

感恩之情自然發展到後來，便是培養出一顆慷慨的心。慷慨的完美狀態是心甘情願的奉獻自己與你已經顯化的事物，不期待回報。或許你會覺得矛盾，顯化內心願望的最後步驟，居然是慷慨的分享你收下的事物，還不能滿腦子想著你請求顯化的事物。但要是你溫習一下前面的八條靈性顯化法則，便會明白這最後一步跟前八條是一致的。

顯化就是連結天地間那個無窮無盡、無限供應的靈。重點不是看見自己的匱乏，而是在那輝煌的豐盛中感到完整。顯化不在於渴求與要求，而關乎無條件的愛，以及將那豐沛的愛吸引到你個人的生命中。只要你有肉身，就會有欲望。你不必為了欲望而羞恥，或是覺得欲望不靈性。你可以收到豐盛的饋贈，滿足你的肉身與你在物質界的物質需求，前提是你遵循這九條法則，不再讓小我又一次掌控你的人生。

當你真切的感到豐盛，感恩之情會推動你走向慷慨。在慷慨的行動裡，你最能夠感受到自己與宇宙之靈的無條件的愛是緊密相連的。你越想要無條件的分享自己收到的事物，流進你生命的事物越多。

慷慨與自我解放

慷慨能讓你認識放手的內在特質，協助你解放自己。放手、釋放你的執念，可以讓你擺脫小我的束縛，是最自由的事。想要守住財物的心理需求，來自內心的不完整感。樂善好施的行為可以調整你的心境，重新感覺到完整與愛。

為了脫離小我的桎梏，我們要慷慨，但不是只有分享財物才叫慷慨。用和善、關懷、愛護的態度待人接物，扶持需要幫助的人，這些也是慷慨。不僅如此，慷慨的精神確實在根本上決定了我們會如何對待自己。如果你有一顆慷慨的心，不會因為付出而不安，那你也會愛惜自己、樂於滋養自己，不會有絲毫的慚愧。

當你可以爽快的付出，將無條件的愛付諸行動，不指望對方如何回應你，你就會體驗到我所說的全面自由。你不再受到自憐自艾的小我箝制，不會聽從它的鼓吹，誤信了限制與競爭那一套。既然你做得到無條件的付出，就等於你承認在自己生命中顯化的一切是無限量供應的，你不可能意識到匱乏，因為你清楚那無限量的供給有你的份。

施與受：宇宙的運作模式

每一回你吸了一口氣，再吐出一口氣，你就完成了一次施與受的程序，這個程序對物質界與靈界都非常重要。每次吸氣，你都吸進了維繫自身生命的氧和氮，每次吐氣，你都送回了供應整個植物界的二氧化碳。施與受的慷慨循環，與呼吸的行為如出一轍。

看看你身邊的環境，瞧瞧我們的宇宙裡有多少事物是施與受的產物。整個食物鏈就是一方付出了生命，另一方接受生命，最後又獻出自身，投入物質顯化的無窮盡循環中。蟲子被鳥吃掉，鳥拉了屎，鳥被吃掉，鳥的肉被消化回收，不斷的循環下去。

這一切都發生在這個宇宙，沒有別的去處。沒有什麼事物會離開這裡，然後又回來。一切只是施與受的流轉，在不同的能量形式之間轉換。你血液裡的鐵質是限量供應的，等你離開物質界以後，就會以另一個形式回歸，說不定會變成某隻蝙蝠的翅膀呢。你獻出自己的鐵質配給，你也從同一個供應源頭收下你的配給。施與受是生命的自然作用。

施與受的自然流動，可能會因為吝嗇與囤積而中斷。在靈性層面也是如此。你送出一份愛與和善，回來的是十份。「種什麼因，得什麼果」的老話可不只是言簡意賅的說教。在所有的意識層次上，這都是宇宙的真相。事實上，顯化說穿了就是這麼回事。

你送出愛的能量去連結你想要的事物，然後這能量又回來了。這是施與受的行動。但你可以干擾施與受的自然流動，自私的抓取那些在你的物質世界顯化的事物，打斷本來要把豐盛送過來的能量流。這種匱乏的意識是小我的傑作，小我總是覺得自己不完整，因為它相信自己跟神是分離的。

培養慷慨的心態

將慷慨加進你的顯化功課裡，讓生命裡的施與受可以自然流動，以下是幾個建議作法。

- 認清慷慨是絕對可行的生存方式。也許你認定自己不可能給人什麼，因為你的日子已經夠苦了。如果你在苦日子裡無法慷慨，你在好日子裡也不會慷慨。慷慨用的是你的心意，不是你的錢。

你可以貢獻勞力，你可以把微薄的財物分享給比你更窮困的人，你可以把十分之一的收入捐給那些提供你精神糧食的人，不求回報。有慷慨之心的人，不會設定自己慷慨的上限，慷慨付出也不是為了別人的報償或肯定。你可以培養這樣的慷慨心態，就從每天盡你所能，多多送出你的愛與善意開始練習。最後，慷慨的態度會蔓延到你的其他行為中，讓你成功顯化出更多的願望。

- 將你每一天裡各式各樣的付出，視為慷慨的行動。包括你對人、對動物、對你置身的環境所做的一切。例如跟寂寞的鄰居聊聊天、餵食一隻流浪貓、幫人開門、匿名為排在你後面的那一輛車付過路費、去接上課的孩子回家、吸地毯、幫配偶的車加油等等，反正你每天做的不計其數的事情都算。提醒自己，你是在慷慨的付出，別覺得自己被無視、沒人感激。

最重要的是你要記住，付出而不期待別人的認同，才是較高自性的風範。小我需要別人的肯定，不誇它還不行，還越多越好，要人誇到天花亂墜才甘願。絕口不提你的慷慨之舉，別心癢難耐的想要誇耀你偉大的慷慨精神。

● 在你感受到一股想要付出的衝動時，留意內心升起的抗拒。你害怕付出了就照顧不好自己跟家人，你懷疑別人是不是真的有需要，你覺得尷尬或羞赧，你在意別人實際上不會感激你，搞不好還會跟你索求更多的好處，這些都是你確實存在的直覺反應，需要你正視。你應該仔細檢視這些內心的懷疑和恐懼，不予批判。這些統統都是你對慷慨的制約反應。

如果你的付出是基於慷慨的精神，想要散播愛，沒有其他的動機，你內心的疑慮便會消散。當我在街上看到明顯有毒癮的人，將錢送給他們，常常會有人批評我。批評我的人會說：「他們有了錢只會去買毒品。」我的回覆則是：「他們要把錢用在哪裡，跟我送錢的原因沒關係。這就是一個人類發揮愛心去照顧另一個人類，說不定就因為這一次善意的慷慨舉動，他們會跟上帝親密起來，在上帝那裡得到真正的療癒。」

- 訂定自己發揚慷慨精神的次數跟時長。尤其是服務他人、付出時間的行動。

有時我會看到小兒子獨自在屋子外面玩足球，一邊踢著球，一邊默默的希望誰來跟他一起玩。我會提醒自己忘了那千百件的待辦事項、忘了我的疲憊、忘了我想要觀賞的影片什麼的，在隨後的幾個鐘頭裡，只跟他分享我的時間。倒不是我肚量有那麼大，我不過是把握機會，練習慷慨的付出我的時間和愛。再說這也是我的大好機會，可以做一件我由衷喜愛的事，也就是跟心愛的兒子作伴。

- 培養接受的能力。別人說要幫忙，你就接受。讓別人幫你做事，不用難為情，不要覺得這樣子不夠獨立。記住，施與受是宇宙能量的自然交互作用。你的顯化作業也是這樣來的。

要是你關閉接收的管道，你就切斷了能量的自然流動，就跟你關閉付出的管道一樣。練習說：「謝謝，我很感激你的幫忙。」即使你注重獨立的小我在說：「我不是真的需要幫手。」接受是靈性顯化作業裡的要素，練習在生活裡接受別人的好意，接受的時候要感恩、要有愛。

● 逮住自己冒出匱乏意識的具體時刻，利用這一刻培養你嶄新的慷慨精神。在你認為自己很匱乏的時候，緊接著而來的反應就是想要囤積，但你真的囤積的話，只會放大吝嗇感、恐懼感對你的效應。

慷慨之舉可以很簡單，比如給小費的時候稍微超出行情一些，也可以是看看你對哪些人吝嗇，給他們關愛或稱讚。在這些時刻，磨鍊你的最高自性，最高自性要你體驗到喜悅與平靜，揮灑一點點你不習慣的慷慨。提醒自己，發揮慷慨的精神，可以將喜悅與力量融入自己的心識中，這也正是你克服囤積、吝嗇的制約反應以後會有的感覺。

● 在你為人付出的時候，練習多付出一些。稍稍超出你認知中的能力上限，要到輕微不適的程度。對小孩多一分耐心，熱情擁抱另一半的時間久一點點，不要只是流於形式的摟一下，住旅館的時候，給打掃房間的服務人員多一、兩美元的小費。

不管你以為自己做得到的慷慨上限在哪裡，突破上限看看，要知道你的生活不會因此陷入困境。也要知道，你會得到精神上的滿足，覺得自己更有神的風範，其實你也因此觸及了你的最高自性。

你可以練習對自己慷慨，稍微超過你平時給自己的待遇。點餐時，點價碼高出一點點的菜，或是度假時多放自己幾天假，或是允許自己奢侈一點，去給人按摩身體或做臉。

擴展你的慷慨，過起志在服務的人生

我們都跟別人一起在這個世界上生活，我們遇到了誰、跟他們關係如何，都是我們彼此人生裡的重頭大戲，會影響到我們彼此。在一般的人際關係中，我們通常不會把「服務」當作相處模式的一部分。然而你就是不可能把服務從人際關係裡切割出來。在我們與神、與人類同胞、與環境、與自己的日常關係中主動的去服務，我們全都會受益。

千絲萬縷的人際關係將我們跟人類同胞串聯起來，我們的行動透過這一張人際網絡，連結到我們星球上的所有人。當你培養出感恩、慷慨的心態，就會發現自己很想為人服務。你會自然而然的將自己得到的益處擴散出去，化為對別人的服務。

如果你得到了精彩的教導，你會想要傳授給別人。如果你得到了愛，你會想要無條件的將這份愛散播出去。你跟別人往來，別人會自然的感覺到你給他們的服務，他們會覺得這是你送給他們的禮物。

想想你在這個物質界的人生目的，你會發現，這輩子唯一能做的事就是付出。在這個無常的宇宙，凡事都留不住。你不能宣稱哪一件事物是你的。所有事物都是短暫的。你唯一永恆存在的部分是不變的那一部分，也就是存在於無形次元的靈魂本質。當你明白自己與一切生物息息相關，你會找到自己的目標與力量，當你以某種形式為人效勞，你會覺得人生有意義，內心平靜。

顯化的目的正是更全面的貢獻一己之力，拋下小我主導的自我耽溺。你做顯化的功課是為了自身的幸福，而你的幸福與別人的幸福實實在在的交融在一起。基本上，你自身的利益與別人的利益是分不開的。

認清了我們在根本上密切交織的關係，才看得出我們彼此之間一直處於互相服務的狀態。這是你要放在心上的認知，以便啟動這一條顯化法則。

服務的基礎本質是你在心裡作出選擇，要以助人、療癒的態度對待別人跟自己。我們感恩在日常生活裡發生的顯化，感恩之情自然湧出，化為我們體驗到的慷慨傾向。感恩、慷慨以及人生是以服務為目的的認知，是我們最後一條法則的基本信條。

將你的人生目標改成服務世人，放下自我耽溺，就會發現顯化的諷刺之處。你越是選擇貢獻一己之力，你對無條件的愛的體驗就越深刻，顯化在你生活裡的事物就越多。

最好是把服務當作你要專心致志一輩子的事，不要局限在某些種類的服務活動，以及在人際關係中的分享活動。服務的心理狀態是表達愛心，而不是恐懼，是表達信任，而非不信任。服務的重點是平等的對待所有人，所有人都具備跟我們相同的靈性特質。這種充滿愛的內在態度，會流露在我們的行動中。

每次我接受演講的邀約，我都希望自己化身為愛的行動，慷慨分享宇宙給我的恩賜。我發現，要在面對廣大的聽眾、開口演講之前放下小我，不被重視報酬的小我主導，轉而關注起掌聲、金錢、獲獎等等，最好的方法是先冥想一個小時左右。我冥想時複誦的真言是：「要怎麼服務大家才好呢？」我會一遍又一遍的對自己這樣說，直到這句話進入我的內在，化為平靜的支柱。當我上臺演講，我便會專注在服務聽眾，不會被小我干擾。在這種精神狀態下，會有一股慈愛的力量引導我、協助我為聽眾服務。

服務世人並不是要你成為德蕾莎修女第二。你暫時放下小我，騰出來的空間就會充滿愛，將那一份愛散播出去，這就是服務了。服務的形式有千千萬萬種，但你發自內心的真誠服務，讓一切顯化在你生命裡的事物都有了價值。

志在服務的人生唯一會出問題的時候，是試圖付出或服務，但心裡卻沒有愛。當你給自己的服務開出條件，或是要求回報，或是期待你提供的服務，可以換來適當的謝禮，你付出的愛就是有條件的，不再是無條件了。你開出的條件讓你的服務失去意義。

在你提供服務之前，問問自己，你對自己即將服務的對象有沒有愛。沒有的話就不要提供無愛的服務，只要回絕服務的機會，默默祝福對方就好。如果你覺得哪一位乞丐純粹就是懶惰、不願工作，而這是你真心的感受，你就不要施捨給這個人。無愛的服務會變成義務，會引發罪惡感、憤怒、憎惡。服務他人的時候，盡可能做到無條件的愛，要是你的愛不是真實的，也要跟自己承認。

第九條靈性顯化法則就在這裡收尾了。對於一切被吸引到你身邊的事物，要心甘情願的接受那是你操作顯化法則的成果，隨即以感恩、慷慨的精神去服務他人。你越是按照這樣的原則去做，越容易看到你想要的事物，成功顯化在生活中。想要濟世的靈性意識與你內心的欲望，兩者之間可以沒有衝突。魯米在將近一千年前就說了：「揚言要禁絕欲望的人，往往會突然變成偽君子！」

你確實是有欲望的人，既有物質層面的欲望，也有靈性層面的欲望，想要變得有愛心、能慷慨的為人服務。兩者不必起衝突。

我要用魯米的另一首詩，結束這最後一條法則。〈熱愛祈禱文的僕人〉（*The Servant Who Loved His Prayers*）這首詩總結了我寫過的文字，不只是最後這一條針對感恩、慷慨、服務的法則，也包含了全書的內容。請你仔細研讀，當你闔上這本書，執行你自己的靈性顯化計畫時，請你溫習魯米的這一首詩，他生於一二〇七年的波斯帝國，如今稱為阿富汗。詩文會提醒你，你在人世間扮演的角色，而這個角色唯一受到的限制，是你對自己的靈性意識所施加的限制。

熱愛祈禱文的僕人

破曉時，某位富人想要洗蒸氣浴。
他喚醒僕人桑可：
「喂！起來！去拿洗澡的水盆、毛巾、黏土，我們去浴堂。」

桑可立刻帶上所需的用品，
跟主人並肩上路了。

路過清真寺時，召喚人們禱告的呼聲響起了。
桑可熱愛一天五次的禱告。
「主人啊，拜託，
您在這張長椅上坐一會兒，
我想去背誦一遍《古蘭經》第九十八章，
第一句是：『你們善待奴僕的人。』」
主人坐在外面的長椅上等，桑可就進去了。
禱告結束時，教士跟信徒都走了，

桑可卻還留在裡面。

主人等了又等。

最後，他往寺內大喊：

「桑可，你怎麼不出來？」

「我走不開。有一位智者不放我走。您先沉住氣。我聽到你在外面。」

主人等了七次，然後嚷嚷起來。桑可都說了同一句話：

「還不行。他還不放我走。」

「但裡面沒有別人，只剩你一個。其他人都走光了。是誰讓你在那邊坐了這麼久？」

「把我留在這裡的那一位，

正是讓你留在外面的那一位。

不讓你進來的那一位，

正是不讓我出去的那一位。」

大海不會讓魚兒離開海洋。
也不會讓陸地上的走獸進入
敏銳靈巧的魚兒悠遊的地方。

走獸在陸地上腳步沉重的走動。
滔天的才智也改不了這一點。
能夠識破這些事的只有一位。

忘了你的推想。忘了你自己。
聽從你的朋友。
當你全然順服於那一位，
你就自由了。

願你永遠遨遊在豐盛之海，顯化你自己的神聖命運。

聽從你的朋友。

總覽九條法則

我把九條法則放在同一處，既是為了方便你時常查閱，也是因為這樣容易看出這九條法則是一套循序漸進的計畫，供你建立靈性顯化方面的意識。每一條法則都緊扣著下一條，如果你按照書上的順序實踐，保證你會開始看出自己是絕對的奇蹟，你連結著充盈在天地萬物之內的靈，你與靈的連結是如此緊密，你將會知道自己參與了創造的活動，開創自己的人生與被吸引到你人生裡的事物。

九條法則

一、覺察到你的最高自性

覺知到自己的最高自性，能幫助你不再認為自己只是一個有肉身的造物，而……

二、信任自己就等於信任那個創造你的智慧

這條法則說明了你與天地間的神性勢能是同一回事，所以……

三、你不是環境裡的生物，而是環境生物

這條法則說明了你跟物質世界的身外之物是分不開的，所以……

四、你可以把想要的事物吸引過來

這條法則說明了你具備吸引的力量，可以把跟你有連結的事物吸引過來，然後你就……

五、當仁不讓接受，因為你值得

這條法則肯定了你擔當得起一切被吸引到你生命中的事物，然後你就能夠……

六、以無條件的愛連結神聖源頭

這條法則讓你意識到，以極致的愛接受顯化的結果至關重要，接下來你就要做……

七、創造之音的冥想

這條法則告訴你創造世界的聲音，教導你如何隨著創造之音振動。這些聲音是吸引與顯化的工具，然後你就……

八、耐心放下對結果的執念

這條法則強調一定要放下索求，建立無限的耐心，然後你就……

九、感恩並慷慨分享顯化成果

這條法則說明兩件事的價值，一是馴服小我，一是感恩並將顯化的成果用在服務世人。

國家圖書館出版品預行編目(CIP)資料

豐盛顯化法則：全球暢銷經典，偉恩．戴爾的豐盛顯化九大心靈法則 / 偉恩．戴爾 (Wayne W. Dyer) 著；謝佳真譯．-- 初版．-- 新北市：虎吉文化有限公司，2023.06

面；　公分．-- (Mind ; 3)

譯自：Manifest your destiny : the nine spiritual principles for getting everything you want

ISBN 978-626-96887-8-4(平裝)

1.CST: 成功法 2.CST: 靈修

192.1　　　　112008156

虎吉文化

Mind 03

豐盛顯化法則

偉恩・戴爾的豐盛顯化九大心靈法則

作　　者　偉恩・戴爾（Wayne W. Dyer）
譯　　者　謝佳真
總 編 輯　何玉美
校　　對　劉綺文
封面設計　丸同連合
內頁設計　丸同連合
排　　版　陳佩君
發　　行　虎吉文化有限公司
地　　址　新北市淡水區民權路 25 號 3 樓之 5
電　　話　（02）8809-6377
客　　服　hugibooks@gmail.com

經 銷 商　大和書報圖書公司
電　　話　(02)8990-2588

印　　刷　沐春行銷創意有限公司
初版一刷　2023 年 6 月 28 日
定　　價　400 元
I S B N　978-626-96887-8-4

MANIFEST YOUR DESTINY
Copyright © 1997 by Marcelene L. Dyer Rev. Trust and Wayne W. Dyer Family Foundation
This edition arranged with Arthur Pine Associates
through Andrew Nurnberg Associates International Limited

版權所有・翻印必究